T0380804

FIVE "ROMANCES" OF "CORDEL"

"CINCO ROMANCES DE CORDEL"

A BILINGUAL ANTHOLOGY IN ENGLISH
AND PORTUGUESE

MARK J. CURRAN

www.trafford.com
North America & international
toll-free: 844-688-6899 (USA & Canada)
fax: 812 355 4082

CONTENTS

CONTENTS

DEDICATION

This book is dedicated to Joseph Luyten – research colleague and friend.

INTRODUCTION

Since 1966 and all these years that have passed and now some 45 books in print, every once in a while, I look back to Brazil's "Literatura de Cordel" and discover there is more to be said. I was chided for the modest dissertation text of perhaps 120 pages in 1968 ("I didn't have any more to say"); now with thousands of pages in print, I hope I am permitted to add a few more. Readers may say, "Oh no, he's at it again!" Or, "What possibly could be left to tell?"

There is no need to review all the titles I have written; the inquisitive reader can go to www.currancordelconnection.com and see them. Or perhaps peruse that stodgy Curriculum Vitae of the old days, also on the web page, perhaps not quite up to date. I have written about most of the possible topics, in my opinion, on "A Literatura de Cordel," and the book "Retrato do Brasil em Cordel" summarizes the journey. But now I want to go back to "cordel's" very beginnings, do a Portuguese – English Anthology of very select "romances," or "histórias" and mainly share my appreciation and very personal likes of the famous story – poems. Right away, this opens the door to all kinds of criticism, but the fact remains; each of us has our likes, and at this juncture of life I'm sharing mine. Secondly, the practicality of limiting the immense number of pages influences the offerings. I would love to include more of the famous story - poems, but cannot.

Long ago I made a very simplified statement of the main contents of Brazil's "literatura popular em verso" saying the thousands if not one hundred thousand titles could be reduced to:

1 The traditional story - poems of romance, religion, and heroic adventures from Europe and the thousands of Brazilian adaptations

2 The vast universe of the stories that tell of current events and life in Brazil and the world

3 The "peleja" or poetic contest in verse

The important original poems of "old" cordel were indeed the long "romances" or "histórias," printed mainly in "livros" of 32 pages, but sometimes 48, or even 60. Some came in two or three parts, each 32 pp. I wrote of the most famous in "Retrato," but only with a brief introduction or a sampling of a famous book or two. In 2001 when I gave a talk at the wonderful "Cem Anos de Cordel" exposition in São Paulo and met for the first time a colleague of decades of correspondence, Joseph Luyten, he gave me a gift.

As a result of that gift, I owe all the inspiration for this book to Joseph and dedicate it to him. I am not aware he ever wrote a book like this one, but he could have. He gave me a faded xerox copy of the partial catalogue of the "Garnier, Livreiro Editor, Rua do Ouvidor" with its partial list of its prose publications of late 19th century. Aside from a one – page listing of its popular literature offerings, and the front page of "Nova História do Imperador CARLOS MAGNO E DOS DOZE PARES DA FRANÇA, the packet contained the first few pages of that seminal "cordel" in prose. It was this page and titles that inspired Luís da Câmara Cascudo's seminal "Cinco Livros do Povo."

BIBLIOTHECA POPULAR

NOVA HISTORIA

DO IMPERADOR

CARLOS MAGNO

E DOS

DOZE PARES DE FRANÇA

Contendo a grande batalha que teve com Malaco, Rei de Fez, a qual venceu

REINALDOS DE MONTALVÃO

E OS MUITOS TRABALHOS QUE ESTE
PADECEU POR TRAIÇÃO DE GALALÃO SENDO SEMPRE LEAL, CONSTANTE
NA FÉ, O MELHOR DOS DOZE PARES

Por L. A. R.

NOVISSIMA EDIÇÃO

RIO DE JANEIRO
H. GARNIER, LIVREIRO-EDITOR
71, RUA DO OUVIDOR, 71

BIBLIOTHECA POPULAR

Historia da Princeza Magalona, Novissima edição, 1 v. br. $300

Historia da Donzella Theodora, em que se trata da sua grande formosura e sabedoria. Novissima edição, 1 v. br.

Historia de João de Calais. Novissima edição, 1 v. br. $500

Historia do Pelles de Asno, ou a Vida do Principe Cyrillo. Novissima edição, 1 v. br. $500

Historia jocosa dos Tres corcovados de Setubal, Lucrecio, Flavio e Juliano, onde se descreve o equivoco gracioso das suas vidas. Novissima edição, 1 v. br. $500

Historia do Grande Roberto do Diabo, Duque de Normandia e Imperador de Roma, em que se trata da sua concepção e nascimento e de sua depravada vida, por onde mereceu ser chamado Roberto do Diabo e do seu grande arrependimento e prodigiosa penitencia, por onde mereceu ser chamado Roberto de Deus, e prodigios que por mandado de Deus obrou em batalha. Novissima edição, 1 v. br. . . $500

Historia da Imperatriz Porcina, mulher do Imperador Lodonio de Roma, na qual se trata como o dito Imperador mandou matar a sua mulher, por um falso testemunho que lhe levantou o irmão do dito Imperador, e como escapou da morte e dos muitos trabalhos e fortunas que passou, e como por sua bondade e muita honestidade tornou a cobrar seu estado com mais honra que deprimento. Novissima edição, 1 v. br. $500

Nova Historia do Imperador Carlos Magno e dos Doze pares de França, contendo a grande batalha que teve com Malaco, rei de Fez, na qual venceu Reinaldos de Montalvão. Novissima edição, 1 v. br. $500

Confissão geral do Marujo Vicente por via das rogativas que lhe fez sua mulher Joanna e sua apparição com o confessor. Novissima edição augmentada, 1 v. br. $500

Despedida de João Brandão a sua mulher, filhos, amigos e collegas, seguida da Resposta de Carolina Augusta. Novissima edição, 1 v. br. $200

Maria José, ou a filha que assassinou, degolou e esquartejou sua propria mãi, Mathilde do Rozario da Luz, na cidade de Lisboa em 1848. 1 v. br. $200

Astucias e subtilissimos de Bertoldo, villão de agudo engenho e sagacidade, que depois de varios accidentes e extravagancias foi admittido a cortezão. Novissima edição, 1 v. br. $500

Simplicidades de Bertoldinho, filho do sublime e astuto Bertoldo, e agudas respostas de Marcolfa, sua mãi. Novissima edição, 1 v. br. $300

Vida de Cacasseno, filho do simples Bertoldinho e neto do astuto Bertoldo. Novissima edição, 1 v. br. $300

A noite na Taverna, cantos phantasticos por Alvares de Azevedo. Precedido de um esboço biographico pelo Dr Joaquim Manoel de Macedo, 1 v. br. $500

Disputa divertida das grandes bulhas que teve um homem com sua mulher por não lhe querer deitar uns fundilhos em uns calções velhos. Obra alegre e necessaria para a pessoa que for casada, 1 v. br. . . . $200

Conselheiro dos amantes, novissimo secretario dos namorados. 1 v. br. . . . . 1$000

Galatéa. *Egloga*, 1 v. br. $300

Vozes d'Africa. O Navio negreiro, tragedia no mar. 1 v. br. $200

Os Escravos. *Manuscriptos de Stenio*. 1 v. br. $500

Lyra do Trovador, novissima collecção de modinhas, recitativos, luxús, etc., 1 v. br. . . . . 1$000

To start this anthology, we choose as one of our five "romances,"[1] a variant from that prose book, "A Morte dos Doze Pares da França" by Marcos Sampaio. We will use introductions to each "romance" or "história" and footnotes as needed, often to just express our own interpretations, thoughts or asides. All the story – poems are in the public domain[2] or "domínio público" as it is called in Brazil. The originals are all over one hundred years old. The translations and photos are all mine.

This could well be the final book on the "literatura de cordel." I see it as the "crown jewel" in one sense: it goes back to the very origins of Brazil's folk – popular literature.

I think it is fitting to add the photos of two of the greatest bards of "cordel" who wrote these early "romances" or "histórias" and the major printer who obtained them and printed them for twenty-five years.

First, Leandro Gomes de Barros is probably the best of the poets of "cordel." By one estimate, from Luís da Câmara Cascudo, Brazil's best-known folklorist, Leandro may have published up to one thousand story – poems. My latest book on "Cordel" tells his story. cf. "The Master of the 'Literatura de Cordel' LEANDRO GOMES DE BARROS A Bilingual Anthology of Selected Works."

When Leandro died in 1918 his works continued in the hands of his widow. She sold his entire works to the entrepreneur of "Cordel" in Recife, João Martins de Atayde in 1921. He reprinted many of them, sometimes using Leandro's name on the "folheto," but sometimes his own. This process continued until the 1950s when João Martins became ill and sold his entire stock to José Bernardo da Silva in Juazeiro do Norte, Ceará. His "Typografia São Francisco" became the largest of traditional "cordel" in Brazil. I saw and copied in hand writing the original contract or sales agreement in the house of Marcus Atayde in Recife in 1966. João Martins de Atayde, incidentally, was a fine poet himself, but never to the heights of Leandro. But Atayde's printing shop was the best of its kind in the Northeast for almost thirty years.

---

[1]   It is obvious all along I have had Cascudo's seminal "Cinco Livros do Povo" in mind. In fact, I translated seven, but the immensity of the manuscript requires limiting the book to five famous "histórias" or "romances." Some may regret I left out "História da Donzela Teodora" and "O Cachorro dos Mortos" which I translated the past few months. I recall Sérgio Miceli of the University of São Paulo press saying when I suggested adding to my "História do Brasil em Cordel," "Mark you've got to stop somewhere." So be it now with "Cinco Romances."

[2]   See the list from the São Paulo Mayor's Cultural Library.

I.

"HISTÓRIA DA MORTE DOS DOZE PARES DA FRANÇA"

Editor Proprietário José Bernardo da Silva
Original Author - Marcos Sampaio
Based on the Prose Version of "História do Imperador Carlos Magno
e os Doze Pares da França. Livreiro - Garnier, Rio de Janeiro

It is important to know the genesis of this first story – poem of early "cordel" in this anthology. Câmara Cascudo was first to tell the origin in his "Cinco Livros do Povo" in 1953 when he wrote of early "Literatura Popular em Verso" or as it is known today, "A Literatura de Cordel." I paraphrase and translate from my hand – written notes of 1966!

Cascudo's Comments:

"In Brazil there existed early on "folhetos ou brochuras em prosa e verso."

"They had no generic title. "Literatura de Cordel" is the term used in Portugal "porque esos livrinhos eram expostos à venda cavalgando um barbante" p. 447

"They are also called "literatura de cego" in Portugal because of the law of King João V in 1749 which gave rights to this literature to the "Irmandade do Menino Jesus dos Homens Cegos de Lisboa."

"In Spanish they were called "pliegos sueltos", in France "literature de colportage" (wandering vendors) p. 447

"Now, speaking of the story-poems of 'Carlos Magno e os Doze Pares da França,' in Portugal's "literatura popular" the "12 Pares" was in Portuguese in 1790.

"In Brazil poems by Leandro Gomes de Barros were: "A Batalha de Ferrabrás" and "A Prisão de Oliveiros" in the early 20th century. Also, Leandro Gomes de Barros's "Historia do Imperador Carlos Magno" p. 448

"João Martins de Atayde published "folhetos" with the same names. [3]

"José Bernardo da Silva printed "A Prisão de Oliveiros e Seus Companheiros" as well as Marco Sampaio's "A Morte dos 12 Pares de França" in 1949 (original printing 1923). p. 448.

More on: HISTÓRIA DO IMPERADOR CARLOS MAGNO E OS DOZE PARES DA FRANÇA

Once again, we paraphrase and translate from Luís da Câmara Cascudo from his "Cinco Livros do Povo."

---

[3]   Once again, this after Atayde purchased Leandro's stock owned by his widow in 1921, thus "inheriting" the right to publish both Leandro's and his own story – poems.

"Until recently, this was the most popular book in the Brazilian interior, although there was little popularity in urban centers. p. 441
It was rare to not find it in a "sertanejo" house.
The hero Bernardo del Carpio did not achieve success.
The "povo" preferred Roldão or Oliveiros. p. 441

"In the oldest and best "desafios" there is always a question or challenge to repeat deeds or events from the poem.
cf. "Desafio de Manuel Serrador e Josué Romano." p. 441

"Teófilo Braga (Portuguese folklorist) noted it was still the most popular book in Portugal in 1881, although it had disappeared in Spain." p. 443

"Origin of Doze Pares"

1. It came from a "canção de gesta – "Fiérabras," end of 13th century. Translated to Provençal in 13th. p. 443

2. 16th Century. Spain. 1525

    "Historia del Emperador Carlomagno y de los doce pares de Francia y de la cruda batalla que hubo Oliveros con Fierabrás, Rey de Alexandria, hijo del Grande Almirante Balán." Ed. Jacob Cromberger, Sevilla, 1525.

    Translated from the French prose version of 1478 to Spanish by Nicolás de Piamonte." p. 443

3. Portuguese editions come in 1615.

4. IN BRAZIL (see above).

Now, our first "história – "A Morte dos Doze Pares da França" Marcos Sampaio

1

Amigos e caros leitores	Friends and dear readers
Dê-me um pouco de atenção	Please lend me your attention
Leiam esta minha história	Read this my story
Com calma e meditação	Calmly and with meditation
Verão que não é mentira	You will see it is not a lie
Sem lenda de ilusão.	And not as a legend nor illusion.
Os leitores devem saber	The readers should know about
Das proêsas de Roldão	The deeds of Roldão
E de Oliveiros seu amigo	And of Oliveiros his friend
Sabem os feitos então	They then know of the deeds
E também a falsidade	And also the treachery
Que lhes fez o Galalão.	Done to them by Galalão.
Foram todos cavalheiros	They all were knights
De muito alto louvor	Of great high praise
Roldão, Ricarte, Oliveiros	Roldão, Ricarte, Oliveiros
Eram os três de mais valor	They were the three of greatest valor
Roldão sendo o mais querido	Roland being the most beloved
Do seu tio imperador	Of his Uncle the Emperor.

2

Galalão era um covarde	Galalão was a coward
Infame, vil, traiçoeiro	Disgraceful, vile and treasonous
Que se vendia aos turcos	Who sold out to the Turks
Por muito pouco dinheiro	For very little money
Mas teve uma morte trágica	But who had a tragic death
Porque Deus é justiceiro.	Because God is just.
Neste tempo o Imperador	At this time the Emperor
Estava mais descansado	Was more rested
Seus reinos todos em paz	His kingdoms all at peace
Vivia mais sossegado	He was living more calmly
E também os doze pares	And also his twelve knights

Vivendo junto a seu lado.	Were living together at his side.
Foi aí por êste tempo	It was about this time
Que deu-se a fatalidade	That fate entered in
Carlos Magno se achava	Carlos Magno found himself
Bem perto de uma cidade	Very near a city
De Saragoça chamada	Called Zaragoza
Naquela localidade.	In that locality.
Havitava em Saragoça	There lived in Zaragoza
Dois irmãos, reis coroados	Two brothers, both crowned kings
Eram dois turcos valentes	They were two valiant Turks
Pelos seus feitos falados	Spoken far and wide for their deeds
Carlos Magno quiz fazer	Carlos Magno wanted them
Dêles cristãos batisados.	To be baptized Christians.
Carlos Magno então disse:	Carlos Magno then said:
Vou uma embaixada mandar	I am going to send a diplomatic mission
Para Marcírio e Belande	To Marcírio and Belande.
3	
E nela declarar	And in it declare
Que deixasse seus ídolos	That they abandon their idols
Para a Jesus adorar.	And begin to worship Jesus.
Então Carlos Magno fez	And Carlos Magno then ordered
Ali uma reunião	A meeting to take place there
E foi logo nomeado	And at that time was named
Para isto Galalão	For this Galalão
Pra levar a embaixada	To deliver the message
A Belande, rei pagão.	To Belande, a pagan king.
Partiu Galalão armado	Galalão departed armed
Com honra de embaixador	With the title of ambassador
Chegado em Saragoça	Arriving in Zaragoza
Ao rei se apresentou	He presented himself to the king
E entregou a embaixada	And delivered the message
Que Carlos Magno mandou.	That Carlos Magno had sent.

Foi muito bem recebido	He was very well received
Pois dos reis era o dever	For that was expected of the two kings
Os dois lhe perguntaram	The two asked him
O que queriam saber	What was on their minds
De Carlos Magno e os pares	All about Carlos Magno and the 12 knights
Como era seu viver.	What was their life like.
Galalão contou direito	Galalão told clearly
Quem era o imperador	Who the Emperor was
Os reis logo conheceram	The two kings recognized right away
Que êle era traidor.	That he (Galalão) was a traitor
Pela sua fisionomia	Through his demeanor
Viram que não tinha valor.	That he was not an honorable person.

4

Disseram um para o outro:	They said to one another
Ele é capaz de vileza	He is capable of evil
Portanto, convém que nós	However, it is befitting for us
Lhe falemos com franqueza.	To speak to him honestly
Carlos Magno e os pares	Carlos Magno and the twelve knights
Ele vende com certeza.	He will willingly sell out.
Como de fato, falaram	So in fact, they spoke thusly
Facilmente êle aceitou	He easily accepted
De entregar os cavalheiros	To hand over the knights
E também o imperador	And also the Emperor
Deram-lhe muita riqueza	They gave him many riches
Muitas jóias de valor.	Many valuable jewels.
Galalão disse aos reis:	Galalão said to the kings:
Que seus exércitos preparassem	Prepare your armies
E fôssem para Roncevalhes	And to go to Roncevalles
E por lá se ocultassem	And once there go into hiding
Que êle entregava os pares	And he would deliver the 12 knights
Para que êles os matassem.	So that they could kill them.

O rei chamou Galalão	The king bade Galalão to talk
Disse confiadamente	And said in great confidence
Pra levar a Carlo Magno	Take to Carlos Magno
Um muito rico presente	A very luxurious present
Para assim êles poderem	So in that way they could
Pegar-lhe mais facilmente.	Capture him more easily.
Oh! Maldito Galalão	Oh! Damned Galalão
Máu desventurado homem	Evil ill-fated man
Nasceste de sangue nobre	You were born of noble blood
5	
A avareza te consome	Yet avariciousness consumes you
Sendo rico te vendeste	Being rich, you sold out
Botando em lama teu nome!	Covering your name with mud!
Tu sendo um príncipe nobre	You being a noble prince
De tão alta distinção	Of such high distinction
Fôste escolhido entre todos	You were chosen among many
Para tão fina missão	For such a noble mission
Porém com tua vileza	Yet for your foul deed
Usaste a negra traiçao	You employed black treason.
O imperador confiando-te	The Emperor trusting in you
Em levar a embaixada	The diplomatic mission
Não julgando que tu fôsses	Not thinking that you were
Uma alma desesperada	A hopeless soul
Vendendo o teu senhor	Selling out your Emperor
E todos teus camaradas!	And all your comrades!
Se dos pares tinhas queixas	If you had problems with the knights
Porque eram bons guerreiros	Because they were great warriors
Porque então vendeste	Why then did you sell out
Os inocentes cavalheiros?	These innocent knights?
Tua pessoa demonstra	Your demeanor reveals
Os teus gestos traiçoeiros	Your treacherous deeds.

Cometeste contra Deus	You committed against God
A mais infame maldade	The greatest of all evils
De vender teus companheiros	Of selling out your companions
Aos monstros sem Piedade	Without pity to the monsters
Tu, covarde, hás de sentir	You, coward, will have to feel
O pago disto mais tarde.	The weight of this much later.

6

Tu eras sempre traidor	You were always a traitor
Em tudo o mais vagabundo	And a vagabond in all the rest
Vendeste a valia mais	You sold what was most valuable
Do que tudo neste mundo	Of all in this world
Botaste teus companheiros	You threw your comrades
No abismo mais profundo.	Into the deepest abyss.

Por avareza vendeu Judas	Out of avarice Judas sold out
A Jesus nosso redentor	Jesus our redeemer
Por avareza foi Adão	Out of avarice it was Adam
Desobediente ao Criador	Disobedient to the Creator
Por avareza vendeu	Out of avarice sold
Galalão o seu senhor!	Galalão his master.

Então neste mesmo dia	So on this very day
Regressara Galalão	Galalão returned
Chegando a Carlos Magno	Arriving to meet Carlos Magno
Com a sua intenção	With this his intention
Disse que os reis queriam	He said that the kings wished
Se batisar, ser cristão.	To be baptized and to be Christian.

Entregou-lhe os presentes	He delivered the presents
Que os reis tinham mandado	That the kings had ordered
Carlos Magno rececebu	Carlos Magno received them
Ficando muito obrigado	With great thanks
E repartiu os presentes	And he shared the presents
Com todos no seu reinando.	With all in his kingdom.

Depois disto os cavalheiros	After this the knights

| Pra Roncevalles partiram | Left for Roncevalles |
| Levando cinco mil praças | Taking five thousand soldiers |

7

E sem demora seguiram	And with no delay they moved forward
Carlos Magos indo atras	Carlos Magno following in the rear
Porém os pares não viram.	But the knights did not see this.

Estavam os dois reis turcos	The two Turkish kings
Com noventa mil guerreiros	Had ninety thousand warriors
Então deixaram entrar	They allowed to enter the pass
Todos doze cavalheiros	All twelve knights
E fizeram-lhe um cêrco	And they surrounded them
A seus modos traiçoeiros.	In their treacherous ways.

Então todos cavalheiros	Then all the knights
Começaram a batalhar	Began to battle
Era tanta a mortandade	There were so many deaths
Que fazia admirar	That it made one marvel
Os cristãos muito cansados	The Christians very fatigued
Trataram em se retirar.	Attempted a retreat.

Estando todos os cristãos	All the Christians found themselves
Retirados dos inimigos	In a retreat from their enemies
Viram outro exército turco	And they saw yet another Turkish army
Conhecendo do perigo	Recognizing the danger
Roldão então se juntou	Rolando then got together
Com Oliveiros, seu amigo.	With Oliveiros, his friend.

Roldão tocou a corneta	Roldão blew the bugle
Pensando que avisava	Thinking he was signaling
A seu tio Carlos Magno	His Uncle Carlos Magno
Que muito longe estava	Who was far away
Deus fez que êle não ouvisse	God arranged for him not to hear
Pois da gloria lhe chamava.	And called Roldão instead to Glory.

8

Deus quiz lhe dar a corôa	God wished to give him the crown
Lá na bemaventurança	There in a state of bliss
Pelos trabalhos que fez	For all the works he had done
Era esta a sua herança	This was to be his inheritance
Pois era 1 dos mais temidos	For he was one of the most feared
Dos doze pares de França.	Of the twelve knights of France.
Pôs Roldão logo os seus	Roldão then placed all his men
Em ordem bem prevenidos	In forewarned order
E investiram aos turcos	And they attacked the Turks
Como lobos enraivecidos	Like angry wolves
Os turcos entraram em combate	The Turks entered into battle
Com vozes e alaridos.	With shouts and screams.
Roldão disse a seus amigos	Roldão said to his friends
Que sem receio de morrer	To not fear dying
Entrassem em toda luta	And enter into battle
Deus havia de os socorrer	God would be there to protect them
Entrou pela direita	He entered on the right
Como adiante vamos ver.	As we shall soon see.
Então a segunda vez	Then for the second time
Roldão ainda tocou	Roldão blew the bugle again
Encomendando-se ao Deus	Entrusting his soul to God
Na horrenda batalha entrou	In the horrendous battle he reentered
Com tanta força e coragem	With such strength and courage
Que seis mil turcos matou.	That he killed six thousand Turks.
Chegaram vinte mil turcos	Twenty thousand Turks arrived
Com desespêros fatais	With fatal desperation
Acometeram os cristãos	They attacked the Christians

9

Que já não podiam mais	Who could no longer sustain the battle
Roldão saindo ferido	Roldão was left wounded
Com quatro feridos mortais.	With four mortal wounds.

Cem cavalheiros cristãos	One hundred Christian knights
Entraram ali sem temer	Entered in battle with no fear
Roldão avistando êles	Roldão seeing them
Julgando que podia ser	Thinking it might be
Carlos Magno com seu povo	Carlos Magno with his troops
Que vinha lhe socorrer.	Coming to his aid.
E com êste pensamento	And with this thought
Na batalha se meteu	He rushed into battle
Logo no primeiro encontro	Right after the first encounter
Seus cavalheiros perdeu	His knights were losing
Escapando apenas dois	Only two scarcely escaping
Que na luta não morrer.	Death in the battle.
Um era o Duque de Trietre	One was the Duke of Trietre
Cavalheiro de atenção	A distinguished knight
O outro era Valdivinos	The other was Valdivinos
Que era irmão de Roldão	Who was a brother of Roldão
Estavam todos feridos	They were all wounded
Sem acharem remissão.	Without any remedy.
Vendo Roldão a derrota	Roldão realizing their defeat
Começou a exclamar:	Began to exclaim:
Oh! Carlos Magno onde estás	Oh! Carlos Magno, where are you
Que não me vens ajudar?	That you don't come to help me?
Deixás-me então despressado	Leaving me in a state of depression
Sem teu auxílio me dar?!	Without giving me your aid?!

10

Roldão ali conhecendo	Roldão then realizing
Que havia de morrer	That he was dying
Pois Carlos Magno e os outros	Since Carlos Magno and the others
Não lhe vinham socorrer	Were not coming to help him
Perdendo tôda esperança	Losing all hope
De seus companheiros a ver.	Of ever seeing his comrades.
E desejando vingar-se	And desiring to avenge himself

Daquela fatalidade	Of that fateful event
Pegou um turco e lhe disse:	He grabbed a Turk and said to him:
Monstro vil, sem piedade	You vile monster, without pity
Ou mostras o Rio Belarde	Or show me King Belarde
Ou eu te mato, covarde!	Or I'll kill you, you coward.
Então o turco lhe disse:	Then the Turk told him:
Mostrando grande terror:	Displaying his great terror
Vês aquele cavalheiro	Do you see that knight
Que eu te mostrando estou	That I am pointing out to you?
Aquele é o Rei Belande	That is King Belande
Que a todos vocês comprou.	He who bought out all of you.
Éle foi quem deu riqueza	He was the one who gave riches
A um teu embaixador	To your ambassador
Que se chama Galalão...	Who is called Galalão...
Aí Roldão suspirou	At that Roldão sighed.
E foi-se então para o Rei	And he then went to the King
Que o turco lhe mostrou.	That the Turk had pointed out to him
Beijando a cruz da espada	Kissing the cross of his sword
Cobriu-se com seu escudo	And covering himself with his shield
Entrou pelo meio dos turcos	He entered into the middle of the Turks

11

Ia derrubando todo	Knocking over anyone in front of him
Encontrou o Rio Belande	He then saw King Belande
Que lhe olhou bem sizudo.	Looking at him sternly.
Roldão deu um golpe nêle	Roldão gave him a sword thrust
Que abriu até cintura	That opened him to his waist
Os turcos tomaram mêdo	The Turks became frightened
E horror a esta bravura	At this unimaginable act of bravery
Que partiram para longe	And they fled far away
Temendo a desventura.	Fearing for their own misfortune.
Roldão saiu da batalha	Roldão left the battle scene

Já muito desfigurado	Now very disfigured
Deitou-se ao pé de uma pedra	He lay down at the foot of a large stone
De dôres atormentado	Tormented with pain
E ali êle seria	And there he would soon
Depressa por Deus chamado	Be called to God.
O Imperador Carlos Magno	Emperor Carlos Magno
De nada disto sabia	Knew nothing of this
O traidor Galalão	The traitor Galalão
Com êle se divertia	Was being entertained with him
Jogando o jogo das tábulas	Playing a game of dominoes
Em risos se desfazia.	And laughing all the while.
O Rei Marcírio com mêdo	King Marcírio fearing
Que Carlos Magno chegasse	That Carlos Magno was on the way
Junto com seu exército	Together with his army
Para aquilo vingar-se	To take vengeance on all
Partiu para Saragoça	He left for Zaragoza
Onde pôde ocultar-se	Where he could go into hiding.

12

Estando Roldão ferido	Roldão being wounded
Já no últimos da vida	In his last moments of life
Das mortes de seus amigos	Thinking of the death of his friends
Sua alma estava sentido	His soul was stricken
Sentiu mais do que a sua	Feeling their death more than his
Que estava a ser concluída.	That was coming to a close.[4]
Consolava-se com morrer	He consoled himself in dying
Na santa fé de Jesus	In the holy faith in Jesus.[5]

---

[4]   This scene of the lamentation of the great Roldão for the death of his comrades, not thinking of himself, very likely became the model for the novelist João Guimarães Rosa in his twentieth century masterpiece "Grande Sertão : Veredas." In the novel the "jagunço" bandit leader Riobaldo laments the death of his bandit comrades in the last great battle with hIs evil rival Hermógenes. And most certainly the "Chanson de Roland" takes as its model such scenes in Greek literature, the "Iliad" for sure.

[5]   And we believe that this scene and others will become, if not a model, at least an example of the Catholic faith tradition seen in all "cordel."

Que por nós êle morreu	He who died for us
Crucificado na cruz	Crucified on the cross
E pedia ao Criador	And he asked the Creator
Que lhe mostrasse uma luz.	To guide him on his way.
Tinha pena de morrer	He did feel the pain of dying
Só, na ultima hora	Alone at the final moment
Num monte desamparado	Near a mountain, unaided
Dos seus amigos de outrora	By his long lost friends
Carlos Magno, o seu tio	Carlos Magno his uncle
Onde é que estava agora?	Where was he now?
Dava infinitas graças	He gave infinite thanks
A Deus, nosso criador	To God, our creator
Pois um dia antes disso	For one day prior to the battle
Ele se sacramentou	He received the sacraments
Pois era êste o costume	Since that was the custom
Dos pares e do imperador.	Of the knights and the Emperor.
Pedia perdão a Jesus	He asked for pardon from Jesus
Dizendo: pai amoroso	Saying: Loving Father
Perdoai os meus pecados	Pardon my sins

13

Dai-me eterno repouso	Grant me eternal repose
Guiai-me pra vosso reino	Guide me to your kingdom
Meu Jesus, rei poderoso!	My Jesus, powerful king.
Começou logo a dizer:	Then he began to say
Senhor Deus meu criador	Lord God my creator
Filho da Mãe gloriosa	Son of the glorious Mother
Vós sabeis, meu Redentor	You know, my Redeemer
De todos os meus pecados	Of all my sins
Perdoai-me ó Senhor!	Pardon me oh my Savior!
--Assim te peço, ó meu Deus	--Thus I ask you, oh my God
Que meus erros e pecados	That my mistakes and sins

Sejam por ti, ó meu pai	May be for you, oh my Father
Todos êles perdoados	All forgiven
Para que tu me coloques	So that you may place me
Entre os bemaventurados.	Among the blessed.
--Senhor, vêde lá da gloria	-- Lord, consider there in your glory
Me dais arrependimento	Grant me repentance
Que eu tenha, e meus pecados	That I may have, and my sins
Já no último momento	Now at this final moment
Despresado nêste bosque	I find myself despised in this forest
Que encerra meu sofrimento!	Which traps me in suffering!
Vós, Senhor, sois poderoso	You, Lord, are all powerful
Livrai-me da perdição	Free me from perdition
Me olhai como olhastes	Look on me as you looked down
Na cruz o Bom Ladrão	On the cross the Good Thief
Perdoai-me os pecados	Pardon my sins
Por vossa Santa Paixão!	Through your Holy Passion.

14

Se pôs a ver sua espada	He looked down at his sword
Por esta forma exclamou:	And exclaimed in this way:
Oh! Espada Durindana	Oh! My Sword Durindana
Aço de grande valor	Steel of great valor
Com tu em todo mundo	Like you in all the world
Não existe superior.	None better exists.
Grande esforço me davas	Great strength you gave me
Quando estavas a meu lado	When you were at my side
Contigo muitos arnezes	Through you, much armor
Eu tenho despedaçado	I have cut to bits
E os mis duros capacetes	And the strongest helmets
Contigo eu tenho cortado.	Through you I have sliced.
--Contigo eu tenho morto	-- Through you I have killed
Grande número de traidor	A great number of traitors
Nunca jamais me faltaste	Never once did you fail me

Com teu exemplar valor	With your exemplary valor
Contigo tenho defendido	Through you I have defended
A lei do meu Criador.	The law of my Creator.
--Oh! Quanto temor e mêdo	-- Oh! How much terror and fear
Tinham os turcos de te ver	The Turks felt when they saw you
Temiam os infieis	The infidels feared
Não ousavam aparecer	They dared not even appear
Diante da minha pessoa	Before my personage
Para me contra-fazer.	To confront me.
--Contigo eu tenho defendido	-- With you I have defended
A fé do meu criador	The faith of my creator
Ao qual humilde peço	To whom I humbly ask

15

Por teu infinito valor	That your infinite valor
Que te logra algum cristão	May be placed with some Christian
Seja teu possuidor.	Who may be its possessor.
Disse tornando a falar	He said, returning to speak
Com sua espada querida:	With his beloved sword:
Grande dor e sentiment	With great pain and feeling
Tenho eu desta partida	Of this our parting
De deixar-te, oh! Minha espada	To leave you, oh! My sword
Nêste deserto perdida!	Lost in this desert.
E pegando a espada	And picking up the sword
Apertou-a nos seus braços	He held it in his hands
Dizendo: quero fazer-te	Saying: I want to break you
Aqui tôda em pedaços	Entirely into pieces
Pra que os turcos não causem	So the Turks can bring no
Aos cristãos embaraços	Embarrassment to the Christians.
Então ali levantou-se	Then he stood up there
Chieio de dor cruciante	Filled with excruciating pain
E pegando na espada	And gripping his sword
Dando dois passos avante	Taking two steps forward

Dando com ela na pedra	He struck a stone with it
Mas o aço era constante.	But the steel held together.
Fez na pedra grande estrago	He struck the rock with great force
Sem o menor resultado	With not the slightest effect
Pois a espada Durindana	For the sword Durindana
Era dum aço temperado	Was of a tempered steel
Não teve o mínimo perigo	Not in the least of danger
Nem seu gume foi cortado.	Not even its edge was cut.

16

Vendo Roldão que era asneira	Roldão seeing it was asinine to continue
Que a espada não quebrava	That the sword would not break
Tomou a sua cornêta	He lifted up his bugle
Par ver se avisava	To see if he could warn
Aos cristãos que pelos montes	The Christians that in the surrounding mountains
Os turcos se ocultavam.	The Turks were hiding.
E tangendo duas vezes	And blowing two times
Com a força que lhe restava	With the strength that remained in him
E na segunda lhe abriram	And the second time opened
As feridas que lhe matavam	The wounds that were killing him
E ficando tão prostrado	He remaining so prostrated
Que grande lástima causava.	That it provoked great pity.
Então a terceira vez	Then for a third time
Ainda tocou Roldão	Roldão yet blew
E Carlos magno ouviu	And Carlos Magno heard it
E bateu-lhe o coração	Causing his heart to beat strongly
Estava no jogo das tabelas	He was in the chess game
Jogando com Galalão.	Playing with Galalão.
Carlos Magno conheceu	Carlos Magno knew
Que quem tocava era Roldão	That it was Roldão who was blowing
E querendo lhe acudir	And wanting to help him
Mas lhe disse Galalão:	But Galalão told him:
Senhor, Roldão sem dúvida	My Lord, Roldão without doubt

Talvez ande em distração.	Perhaps is just distracted.
Carlos Magno lhe deu crédito	Carlos Magno believed him
Recomeçou a jogar	Returning to the game
Com o traidor que com risos	With the traitor who began laughing

17

Punha-se a disfarçar	He beginning to feign the scene
Contanto que Carlos Magno	Counting on the fact that Carlos Magno
Não viesse desconfiar.	Would not mistrust him.

E estando já Roldão	And Roldão now being
No último dia da sua vida	In the last day of his life
Chegou então Valdivinos	At that moment Valdivinos arrived
Com muitas lágrimas sentidas	Wracked with tears
Abraçou-se com Roldão	He embraced Roldão
Era a última despedida.	It was the last goodbye.

Roldão disse a Valdivinos	Roldão said to Valdivinos
Quase sem poder falar:	Almost unable to speak:
Busca-me um pouco d'água	Find me a small drink of water
Para esta sêde acalmar	To calm my thirst
E depois se houver tempo	And then if there is time
Procura então me tratar.	Try then to help me.

Valdivinos saiu logo	Valdivinos left immediately
Ver se água encontrava	To see is he could find water
E correndo todo monte	And running through the entire mountain
Nenhuma fonte achava	He found no spring
E pra junto de Roldão	And closer to Roldão
Muito ligeiro voltou.	He quickly returned.

Quando chegou encontrou	When he returned, he discovered
Roldão já se ultimando	Roldão now in his last gasps
Então pegou um cavalo	Then he mounted his horse
E como que ia voando	And as though flying
Foi dar parte a Carlos Magno	He went to inform Carlos Magno
Que inda estava jogando	Who was still playing the game.

18

Logo chegou Trietre	Then Trietre arrived
Aonde estava Roldão	To where Roldão was
E querendo-lhe falar	And wanting to speak to him
Mas, faltou-lhe animação	But, lacking the courage
E caindo de joelhos	And falling to his knees
Junto ao seu capitão.	Near his Captain.
Quando Roldão viu Trietre	When Roland saw Trietre
Teve uma consolação	He felt some small consolation
E perguntou: a quem olhas?	And he asked: Whom are you looking at?
Não é êste o Roldão,	Is this not Roland,
O teu fiel companheiro?	Your faithful comrade?
Tende de mim compaixão!	Have compassion on me!
--Não é êste o que vencia	-- Is this not he who defeated
Os mais ferozes gigantes?	The most ferocious giants?
Não é êste que las lutas	Is this not he who in the wars
Ia às batalhas suantes	Entered into the sweaty battles
E defendia os cristãos	And defended the Christians
Dos turcos repugnantes?	From the repugnant Turks?
--Não é êste que nas batalhas	Is this not he who in the battles
Dos mais ferozes inimigos	-- Against the fiercest enemies
Vencia os traidores	Defeated the traitors
Junto com seus amigos?	Accompanied by his friends?
É êste o Roldão sem sorte	This is the Roldão without good fortune
Enfrentador do perigo?	A confronter of danger?
--Não é êste o que defendia	-- Is this not the one who defended
A lei do nosso Criador	The law of our Creator
E nenhum perigo temia	And feared no evil

19

Em se tornar matador	Who turned into the killer
Em matar os que queriam	Who killed those who wanted

Ofender o imperador.	To offend the Emperor.
--É este o homem que não	-- This is the man who
Pôde conhecer a ventura	Could not know good fortune
E só viu a negra sorte	And only knew black misfortune
Que lhe foi fatal e dura	Which became hard and fatal for him
E o fim de sua vida	And the end of his life
Só foi repleta de agura?!	Only was replete with hardship?!
Foi tanta a sua desgraça	His disgrace was so great
Que não somente privou	That not only did it deprive him
Da companhia dos seus	Of the company of his [comrades]
E do seu nobre senhor	And of his noble Lord
Agora na última hora	Now in the final hour
A sorte lhe despresou!	Lady fortune despised him.
--Não são êsses os braços que	-- Are these not the arms that
As grossas lanças quebravam?	Broke in two the thickest lances?
Não sao estas as mãos que	Are these not the hands that
Os mais fortes golpes ?	Struck the strongest blows?
Que arnezes e duros elmos	That armor and the strongest helmets
Tudo se espedaçava?	All were torn to bits?
Tomando a espada disse:	Taking his sword in hand he said:
Oh! Minha companheira	Oh! My companion
Forte espada Durindana	Strong sword Durindana
Não nego, és a primeira	I can't deny, you are the first of all!
E abraçou-se com ela	And he embraced it
Na sua hora derradeira.	In his last hour.

20

Triestre que presenciava	Trietre who was a witness
O espetáculo lastimoso	To the pitiful spectacle
Ouvindo as lamentações	Hearing the lamentations
Ficava mais pesaroso	Became more depressed
Não podia suster as lágrimas	He could not keep the tears from coming
Daquele ato penoso.	From that painful act.

Triete chegou para perto	Trietre drew near
Para desarmar Roldão	To disarm Roldão
Desabotoando a farda	Unbuttoning his uniform
Mais fazia compaixão	But this drew his compassion
Então tornou a fechá-la	So he buttoned it up again
Com a maior precaução.	With the greatest care.
Roldão tornando a si	Roldão, coming to
E Jesus pediu perdão	Asked the pardon of Jesus
Então pediu a Tietre	Then he asked Tietre
Que ouvisse a sua confissão	To hear his confession
Ele fez muito contrito	He being very contrite
De todo seu coração.	Deep down in his heart.
E pôs a mão na espada	And he placed his hand on the sword
Olhando o céu exclamou:	Looking up to heaven exclaimed:
Et-in carne mea videco Deum	Et – in carne mea videco Deum[6]
Que diz: verei meu Salvador	Which means: I will see my Savior
Salvatorum meus	My salvation
Olhai-me meu Redentor.	Look upon me my Savior.
Pondo a mão sobre os olhos	Putting hand over his eyes
Disse com muito prazer:	He said with great pleasure:
Et oculi mei compecturi sunt	Et oculi mei compecturo sunt[7]
21	
Que diz: meus olhos hão de ver	Which means: My eyes have to see
A Jesus, meu criador	Jesus, my creator
Como êle he de morrer	Like Him, I have to die.
Fazendo um supremo esforço	Making a supreme effort
Morreu o herói do mundo	The hero of the world died
O homem que em coragem	The man in terms of courage
Não encountrou um segundo	Was second to no one

---

[6]   Sorry, I can't vouch for the Latin. I wonder if the backlands poets knew Latin! Ha! They could copy it well from the prose source.

[7]   Ditto.

Deixando então Carlos Magno	Therefore leaving Carlos Magno
No negro sofrer profundo.	In black and profound suffering.
Leitores, eu vou agora	Readers, I now am going
Fazer outra descrição	To go in a different direction[8]
Do arcebispo de Turpim	That of the Archbishop of Turpin
O qual viu uma visão	Who saw a vision
Estando dizendo missa	While saying Mass
Quando morria Roldão.	At the time of Roldão's death
Era o arce-bispo de Turim	The Arch-Bishop of Turin
Um homem de santa vida	A man leading a holy life
Estando dizendo missa	While saying Mass
A Maria concebida	To the conceived Mary
Ouviu u'a suave música	He heard sweet music
O uma voz terna e querida.	Or a tender and loving voice.
Eram os anjos que cantavam	It was the angels who were singing
Com muita satisfação	With great satisfaction
Vinham mandados por Deus	They came at the command of God
Cumprir aquela missão	To fulfill that mission
E dar parte a Turpim	To inform Turpin
Dizendo: morreu Roldão.	Saying: Roldão has died.

22

O arce-bispo Turpim	Arch-Bishop Turpin
Ao saber do ocorrido	Upon learning of what had happened
Correu a Carlos Magno	Ran to Carlos Magno
Contou-lhe o que tinha ouvido	He told him what he had heard
Os anjos anunciaram	The angels had announced
Que Roldão tinha morrido.	That Roldão had died.
E estando nesta prática	And in the meanwhile
Valdivinos então chegou	Valdivinos had arrived
Arrancando os cabelos	Tearing out his hair
Em vozes altas exclamou:	In a loud voice exclaiming:

---

[8]   A wonderful popular usage of the asides of the true sources, the Greek Epics!

Dizendo: morreu Roldão!...	Saying: Roldão has died!...
E para a penha pontou.	Pointing for that mountainside.
E os outros cavalheiros	The other knights
Que com êle tinham ido	Who had gone with him
Tinham perecido todos	All had perished
Ele pois tinha saído	He of course had escaped
Só com o duque Trietre	Only with Duque Trietre
Que haviam escapolido.	The two had escaped.
O exército de Carlos Magno	Carlos Magno's army
Sabendo do acontecimento	Learning of the event
Chorava como criança	All crying like children
E com puro sentimento	And with deep feelings
Se puzeram a caminho	They went on the road
Com um profundo lamento.	With profound lamentation.
Carlos Magno foi o primeiro	Carlos Magno was the first
Que chegou onde êle estava	Ao arrive where he was
Vendo ali morto Roldão	Seeing there a dead Roldão
23	
Em soluços se afogava	He began drowning in tears
E prostrando-se por terra	And prostrating himself on the ground
Como que se desmaiava.	As though he had fainted.
Tornando, recomeçou	Turning to, he began again
A chorar e a dizer:	To cry and to say:
Roldão, meu caro Roldão	Roldão, my dear Roldão
Fui eu que te fiz morrer	I was the cause of your dying
Em mandar-te para guerra	In sending you off to war
E não vir te socorrer!	And not coming to your aid!
--Oh! meu amado sobrinho	--Oh! Me beloved nephew
Braços que não se curvavam	Arms that never surrendered

Semelhante a Macabeu	Similar to Maccabeus[9]
Em proêsa não te igualava	Who in deeds could not equal you
Honra de todo francês	You the honor of all Frenchmen
Homem que todos amavam!	A man loved by all!
--Quantas dôres tu sofreste!	-- How much pain you suffered!
Tu me deixas nesta vida	You leave me in this life
Era o herói do mundo	You were the hero of the world[10]
Em proêsas desmedida	In great deeds unequaled
Eras o defensor do mundo	You were the defender of the world
De nossa Mãe Concebida!	The world of our Holy Mother.
--Tu eras o Defensor	-- You were the defender
De tôda humanidade	Of all humanity
Eras amparo dos cristãos	You were the protector of all Christians
Guia puro da verdade	Pure guide of truth
Coluna forte da igreja	Strong column of the Church
Alma de honestidade.	Soul of all honesty.

24

--Tu eras a alma mais nobre	--You were the noblest of souls
Que o mundo já criou	Created now in this world
Guia dos desventurados	Guide of the unfortunate
Tu era o Defensor	You were the defender
Da santa lei de Jesus	Of the holy law of Jesus
E da fé alentador.	And of heartening faith.
--Ah! Desgraçado de mim	--Oh! Disgraced I am
Que te trouxe a morrer	Who brought you to your death
Nestes lugares selvagens	In this savage wilderness
E não vim te socorrer	And I did not arrive to aid you
Oh! quanto sofrer encerra	Oh! how much suffering is to come

---

[9]   Judah Maccabee was the son of a Jewish priest, and he led the revolt against the Seleucid Empire. 167-160 B.C. The Jewish holiday of Hanukkah commemorates the restoration of Jewish worship in the Temple, removing the Greek images of their Gods.

[10]   Here begins what seems a long litany of the virtues and deeds of Roldão. One could imagine being in a Catholic service during Lent hearing all the Littanies.

No meu infeliz viver!	In my unhappy life!
--Oh! Meu amado Roldão	--Oh! My beloved Roldão
Se eu tivesse Sabido	If I had known
Do perigo em que te achavas	The danger in which you were found
Eu te tinha socorrido	I would have come to your aid
Embora que na batalha	Even though in the battle
Também tivesse morrido!	I also would have died!
--Para mim seria gloria	For me it would have meant glory;
Eu morrer junto a teu lado	To die together at your side
Porém o fatal destino	Yet fatal destiny
Nos fez disto separado	Kept us separate from this
Deixou-me cheio de dores	It left me full of pain
E de mágua desolado!	And filled with disconsolate heartache!
--Oh! meu nobre cavalheiro	--Oh! My noble knight
Tua morte deixou-me triste	Your death left me sad
Para que hoje viver	Leaving me to live today
25	
Com dores que não resiste	With pain I cannot resist
Sem ti, meu caro Roldão	Without you, dear Roldão
Jamais a vida persiste!	Life can never last!
--Triste assim o que farei?	Sad, thus, what will I do?
Ah! Velho desconsolado	Ah! Old and disconsolate
Perdi o meu braço forte	I lost my strong right arm
Fiquei então desarmado	I remained, thus, unarmed
Talvez agora os turcos	Perhaps now the Turks
Sejam em tudo vingados!	May be avenged in all they did.
--Tu estás na santa gloria	--You are now in holy glory
Oh! meu amigo Roldão	Oh! My friend Roldão
E me deixaste no abandono	And you left me abandoned
De tua separação	With your separation
Nêste deferível mundo	In this deferrable world

Sem ter mais consolação!

--Eu ficarei cá na terra
Que é o vale da tribulação
E tu ganhaste o céu
Pois tinhas bom coração
Jesus te perdoará
Por sua santa paixão!

--Então tristes os cristãos
E Deus bastante gostoso
Por ver-te na sua gloria
Junto ao pai poderoso
Tu receberás um trono
Junto a Jesus glorioso!

26
--A Deus peço com fervor
Por sua Santa Paixão
Que te queira perdoar
E dar-te a salvação
Por tu na terra cumpriste
A tua santa missão.

Os anjos rogam a Deus
Por tua felicidade
Os mártires invoquem e chamem
A Divina Majestade
Para êle concede-te
A suprema eternidade.

--Vai que aqui ficarei
Sofrendo a desilusão
Nunca mais tenho descanso
Na minha tribulação
E tu vais pra gloria eterna
Receber o galardão.

Without any consolation!

I will remain here on earth
Which is the valley of tribulation
And you were rewarded in heaven
Merited from your good heart
Jesus will pardon you
For your holy passion!

So sad the Christians
And God very pleased
To see you in your glory
Next to the all-powerful Father
You will receive a throne
Next to a glorious Jesus!

To God I ask with fervor
Through his Holy Passion
That he may pardon you
And grant you salvation
For you on earth fulfilled
Your holy mission.

The angels pray to God
For your happiness
The martyrs invoke and call
Upon the Divine Majesty
For Him to concede to you
The supreme eternity.

--Go, for I will remain here
Suffering and disillusioned
I will never have rest
From my tribulation
And you go to eternal glory
To receive your reward.

--Os dias que eu viver	--All the days I will live
Nesta miserável vida	In this miserable life
Gastarei-os em contínuo	I will spend them continuously
A chorar tua partida	In lamenting your departure
Talvez em breve também	Perhaps also in little time
Eu termine a minha vida.	My life will come to an end.
Carlos Magno dizendo estas	Carlos Magno repeating these
E outras muitas razões	And many other such considerations
Que fazia penalizar	That caused tribulation
27	
A todos os corações	In all hearts present
De gente, só seu exército	Just the soldiers in his army
Aue estavam em lamentações.	Who were all in lamentation.
Então logo uma barraca	Then at that place a tent
Ele mandou levantar	He ordered to be pitched
E fazer grandes fogueiras	And huge bonfires be lit
Para a Roldão vigiar	To be a vigil for Roldão
E no outro dia cedinho	And early on the next day
O seu corpo embalsamar.	And his body be embalmed.
Leitores, retrocedamos	Readers, let us return
Vamos uma pausa fazer	Let's pause for a time
Vou descansar um pouquinho	I am going to rest a bit
Para poder descrever	In order to describe
Outros acontecimentos	Other events
Como todos hão de ver.	How they will all be seen.[11]
Logo que chegou a manhã	Later as morning came
Era grande a anciedade	There was great anxiety
De Carlos Magno e os outros	Among Carlos Magno and the others
Que com muita atividade	Who in great movement
Fôram correr todo campo	Attacked all over the field
Era grande a mortandade.	The death toll was great.

---

[11]   Once again, the asides!

Então Carlos Magno disse,
Para melhor se vingar
Que pegassem Galalão
Num pau fôssem amarrar
Para no dia seguinte
Sua morte executar.

Then Carlos Magno said,
To better achieve his vengeance
That they catch Galalão
And tie him to a tree
So that the next day
They could put him to death.

28
Acharam o pobre Oliveiros
Numa árvore pendurado
Dos dedos das mãos aos pés
Estava todo esfolado
Com 12 lanças metidas
No seu corpo inanimado.

They found the unfortunate Oliveiros
Hung on a tree
From his fingers to the toes of his feet
He was totally skinned
With twelve lances
Stuck in his inanimate body.

Logo então se renovou
O choro e sentimento
Carlos Magno, êste estava
Em grande desolamento
Eram tristíssimas as cenas
Daquele acontecimento.

So at that point was renewed
The crying and lamentation
Carlos Magno himself was
In deep despair
The entire scene was sad
Due to that deed.

Carlos Magno teve ali
Tanta lástima de Oliveiros
Que fez juramento a Deus
De matar o traiçoeiro
E dos reis de Saragoça
Ia atraz do paradeiro.

Carlos Magno at that point
Felt such pity for Oliveiros
That he swore to God
To kill the traitor
Of the Kings of Saragoza
He searched out their whereabouts.

Disse: embora eu perca
Com os turcos a minha vida
Estas mortes dos meus pares
Por fôrça há de ser punida
Hei de exterminá-los todos
Juro à Virgem Concebida!

He said: even though I may lose
My life to the Turks
These deaths of my knights
Have to be forcefully punished
I have to exterminate all of them
I swear to the Holy Virgin!

E logo o imperador

And then the Emperor

Soube onde êles estavam	Learned where they were
Na margem do Rio Ebro	On the banks of the Río Ebro

29

Pois ali se acampavam	For that was where they were camped
Carlos Magno seguiu pra lá	Carlos Magno headed for there
Todos dispostos avançavam.	All his men ready and advancing.

Pôs logo seu pessoal	He situated all his troops
Em ordem bem prevenido	In a planned order
Foram de encontro aos turcos	They proceeded to encounter the Turks
Com talento desmedido	With unmeasured skill
Que mataram sete mil	Resulting in killing seven thousand
E o resto foi ferido.	And wounding all the rest.

Vendo o Rei Carlos Magno	King Carlos Magno seeing
Que tinha pouco gente	That he had few troops left
E não podia seguir	And he could not proceed onward
Com ela mais para frente	With them at his front
Voltou para Roncesvalhes	He returned to Roncevalles
Mui desconsoladamente.	Very downcast.

E logo o Rei Carlos Magno	And then King Carlos Magno
A sua gente examinou:	Questioned his troops:
Para saber da traição	To learn of the treason
Trietre então lhe falou	Trietres then spoke to him
Dizendo a Carlos Magno	Saying to Carlos Magno
O que o turco lhe contou.	What the Turk had told him.

Especialmente se soube	He learned in particular
Quem fez a trágica traição	Who committed the tragic treason
Tietre disse que foi	Tietre said it was
O desalmado Galalão	The soulless Galalão
E que não tendo escrúpulo	Not having scruples
Fez pior que um vilão.	Acted worse than a villain.

30

Então o imperador	Then the Emperor
Ficou muito indignado	Became very indignant
Seu corpo tremia todo	His entire body trembled
Em achar o desgraçado	He wanted to find the bastard
E às dez horas da noite	And at ten o'clock that night
Galalão foi condenado.	Galalão was sentenced.

Quatro ferozes cavalos	Four fierce horses
Carlos Magno mandou buscar	Carlos Magno ordered to be found
E pegaram Galalão	And they grabbed Galalão
E nêle foram amarrar	And they tied him up
Em cada cavalo um membro	Each arm and leg, one to each horse
Era para estraçalhar.	Meant to tear him apart.

Então os quatro cavalos	Then the four horses
Partiram com ferocidade	Charged forward with such ferocity
E do infame Galalão	So that from the shameful Galalão
Cada um levou metade	Each tore off half a limb
Era o fim do desgraçado	It marked the end of the bastard
Que usou de falsedade.	Who acted dishonestly.[12]

Depois que Carlos Magno	After Carlos Magno
Deu cabo ao traidor	Finished off the traitor
Fôram juntar os mortos	They went to gather their dead
E ali mesmo os sepultou	And buried them in that very place
E o corpo do Roldão	And Roldão's body
Carlos Magno embalsamou.	Was embalmed by Carlos Magno.

O imperador fez levar	The Emperor then ordered taken
Logo o corpo de Roldão	Roldão's body
Em honra numas andilhas	In honor of his deeds
A igreja de S. Romão	To the Church of São Romão
Pra lá dizer uma missa	So that there a mass could be said
Em sua dedicação.	In his honor.

---

[12]   This is the capital sin of all "cordel." More to be seen.

Em cima da sepultura	On top of the tomb
Ele botou sua espada	He placed his sword
A seus pés sua corneta	At his feet his bugle
Pois de Roldão era amada	For it was beloved by Roldão
E fez ali uma igreja	And commanded a church to be built there
Em seu nome batisada.	And named for him.

Em Bordéus foi enterrado	He was buried in Bordeaux
O grande e nobre Oliveiros	The great and noble Oliveiros
Guardebôa, rei de Friza	Guadebeau, King of Frizia
E mais outros cavalheiros	And others of the knights
O grande Gurgel de Danôas	The great Gurgel de Danôas
Com todos os seus companheiros	With all his comrades.

Em Arles fôram enterrados	In Arles were buried
Guarim, Duque de Lorenda	Guarim, Duque of Lorenda
Guy de Borgonha e Ricarte	Guy de Borgonha and Ricarte
Pois todos sofreram a pena	For all had suffered greatly
Fôram os acontecimentos	The result of all the events
Daquela horrorosa cena.	Of that horrible time.

Morreram todos os pares	All the knights died
Assim nêste sofrimento	This in this suffering
Rei Carlos Magno ficou	Remained King Carlos Magno
Consternado em sentiment	Consternated in his feelings
O imperador não esperava	The Emperor never expected
Ser tão grande seu tormento.	To experience such great torment.

32

Sem mais agora peço	With no more to add now I ask
A todos para disculpar	All to pardon me
A minha história sem arte	My story of little art[13]
Para não a criticar	Please do not criticize it
Inspirações competentes	Such competent inspiration
Onde quer que vá achar?	Where do you think you can find it?

---

[13]   Directly from the Greek epics.

Fim – Juazeiro 10-6-63
Preço (scratched out) ... cruzeiros

CONCLUSÃO GERAL   General Conclusion[14]

Nada resiste a vontade do homem   Nothing can resist man's will
Quando êste sabe a verdade e quer   When he knows the truth and wants
O Bem.   The good.
Querer o mal é querer a morte.   Desiring evil is desiring death.
Uma vontade perversa é um começo   A perverse will is the beginning
De suicídio.   of suicide.
Querer o bem com violência   Searching for the good with violence
É querer o mal; pois a violência causa   Is wanting evil; violence, well, causes
Desordens, e a desordem produz o mal.   Disorder, and disorder produce evil.

---

[14]   This unusual statement was at the end of the last page of the "romance." There is no indication
        who wrote it, the original author; others have determined Marco Sampaio.

II.

⟶~⟵

A FORÇA DO AMOR

The Strength of Love
Leandro Gomes de Barros

The earliest printing was 1907 with dozens of printings to come. I will have much to say in the footnotes to the story.

1

Nêstes versos eu escrevo	In these verses I write of
A fôrça que o amor tem	The strength that love possesses
Que ninguém pode dizer	No one can say
Que não há de querer bem	That one should not love well
O amor é como a morte	Love is like a death
Que não separa ninguém.	Which separates no one.

Marina era uma moça	Marina was young girl
Muito rica e educada	Very rich and well educated
O pai dela era um barão	Her father was a baron
De uma família ilustrada	Of an illustrious family
Mas ela amou a Alonso	But she was in love with Alonso
Que não possuia nada.	Who did not possess anything.

Ambos nasceram num sítio	Both were born in a place
Num dia, na mesma tarde	On the same day, the same afternoon
Pegaram logo a se amar	They soon fell in love
Com nove anos de idade	At the tender age of nine
Se todos dois fôssem ricos	If they both had been rich
Era um casal de igualdade.	It would have been a marriage of equals.

2

Pelas mercês de Marina	Through the graces of Marina
Alonso pôde estudar	Alonso was able to do studies
Marina não tinha mãe	Marina had no mother
Se sujeitava tirar	She customarily took
Do dinheiro do barão	From the Baron's money
Para Alonso sustentar.	Enough to provide for Alonso.

Estava com 20 anos	When she was twenty years old
Dispôs-um dia Marina	Marina came to decide
Disse a Alonso: me peça	She said to Alonso: ask for my hand
Veja o que a sorte destina	Discover what fate has in store

É bom que se saiba logo	But you should know well in advance
Meu pai o que determina.	What my father has in mind.

--Amanhã pelas dez horas	--Tomorrow morning at ten o'clock
Você vá ao barão	You go see the Baron
Chegue lá declare a êle	Go there and declare to him
Que pretende a minha mão	That you desire my hand in marriage
Conforme o que êle disser	According to whatever he says
Eu tomo resolução.	I will make up my mind.

--Se não lhe faltar a coragem	If you do not lack the courage
Havemos de conseguir	We will get what we want
Meu pai não é raio elétrico	My father is not a lightning bolt
Que nos possa consumir	Capable of consuming us
O faz o que nós queremos	Either he does what we want
Ou então ver eu sair.	Or he will see me leave.

Alonso aí respondeu:	Alonso then responded:
Não obsta ser um barão	It doesn't hurt to be a Baron
Título comprado não pode	But a purchased title cannot
Comprar um coração	Buy a heart
Ele é mortal como eu	He's a mortal like me
Um de nós perde a ação.	One of us loses the case.

3

Ele pode deserdá-la	--He can disinherit you
Tomar tudo que fôr seu	Take all that belongs to you
Casar-me com moça rica	Marrying a rich girl
Não é interêsse meu	Is not what I'm interested in
Amo-a mais que minha vida	I love you more than my own life
Escravo do amor sou eu.	I am a slave of love.

No outro dia às dez horas	The next day at ten o'clock in the morning
Alonso foi ao barão	Alonso went to see the Baron
Chegou com tôda coragem	He arrived full of courage
Fêz-lhe a declaração	And pronounced his declaration
Que amava a filha déle	That he loved his daughter

Pretendia dela a mão.	And wanted to ask her hand in marriage.
Exclamou logo o barão	The Baron exclaimed immediately:
És assim tão atrevido?	You are thus so audacious?
Não respeitas mais a mim?	You no longer respect me?
Aonde estás tu metido?	Where are you coming from?
Então eu tinha uma filha	So I had a daughter
Para dar a um bandido?	To hand her over to a thug?
Disse Alonso: senhor barão	Alonso said: Lord Baron
Não obsta eu ser um pobre	It matters not my being poor
Sua filha é potentada	And your daughter being a potentate
Me ama sem eu ser nobre	She loves me though I am not of the nobility
Amor não olha a riqueza	Love does not look upon richness
Ainda que a pobreza dobre.	Even though poverty may be present.[15]
O barão chamou três praças	The Baron called three guards
Deram-lhe a voz de prisão	They commanded he go to prison
Arrastraram o pobre Alonso	They dragged poor Alonso
Como se fôsse ele um cão	As though he were a dog
Ou se fôsse um insolente	Or he were a rogue
Um criminioso um ladrão.	A criminal or a thief.

4

O barão chamou a filha	The Baron called for his daughter
Perguntou se tinha dado	He asked if she had given
Consentimento a um bandido	Her consent to a thug
Que tinha o injuriado	Who had insulted him
Pedindo a mão da filha	Asking for his daughter's hand
Sendo êle um desgraçado.	He being a Cretan.
--Foi eu, respondeu Marina	--It was I, answered Marina
Que mandei êle pedir	Who ordered him to ask [for my hand]
E amo-o desde pequeno	I have loved him since he was a child

---

15   It's not the same, but it is the same. Poor but courageous José de Sousa Leão and rich Mariquinha, daughter of the evil Captain. Or is it Creuza, rich daughter of her evil father, the Count? Hmm.

So o amor não conseguir	And if love does not unite us
No solo do cemitério	In my grave in the cemetery
Hei de com êle me unir.	I with him have to unite.
O barão corou e disse:	The Baron's face grew red and he said:
Descanse seu coração	Well, let your heart rest
Se você casar com ele	If you marry him
Eu deixo de ser barão	I'll no longer remain a Baron
Pois eu morto a minha cinza	I deceased, my ashes
Reconhece o meu brasão.	Will be recognized on my coat of arms.
--Eu já mandei o prender	-- I already ordered his arrest
E fiz recomendação	And I made the decision
Que não consentisse alguém	That no one would agree
Levar-lhe água nem pão	To bring him bread or water
Creio que mais de dez dias	I believe in no more than ten days
Não terá de duração.	Will he last.
Disse Marina: meu pai	Marina said: my father
Pode se desenganar	You cannot fool yourself
Ainda Alonso morendo	Though Alonso may die
Ou o atirarem no mar	Or they throw him into the sea
Me lançarei no abismo	I will throw myself into the abyss[16]
E vou com êle parar.	And will end with him.

5

--Porém êle é pobre assim	--Yet, see how poor he is
Não tem pai, foi enjeitado	He has no father and he was abandoned
É pobre, mas tem orgulho	He is poor but he has the pride
De dizer: sou homem honrado	To say: I am an honorable man
Pode a sorte o proteger	May lady fortune protect him
Será êle um potentado.	So one day he may be rich and powerful.

---

[16]   Oh my! Shades of Spanish Golden Age Drama. I recall the verse if not the title when the romantic hero, seeing his beloved lost or beyond hope, walks to the edge of the cliff and says, "Traga-me infierno." Or something like that; it might have been "La Forza del Sino" or even "Don Juan Tenorio."

--Cale-se, infeliz maldita
Falou irado o barão
Se articular comigo
Eu boto-a na prisão
Mato-a debaixo os ferros
E lhe acabo a opinião.

--Pode matar, disse ela
Satisfaça sua paixão
Pode aniquilar meus dias
Mas não minha opinião
Só Deus sabe, mais ninguém
O que tenho no coração.

Se recolheu no quarto
Deixando o pai no salão
Estudando qual o meio
Dela enganar o barão
E como podia tirar
O amante da prisão.

Depois de pensar um pouco
Chamou a criada dela
Disse que fôsse à cadeia
Falasse com o sentinela
Que ela mandava dizer
Que fôsse falar com ela.

6
Recebe o guarda o recado
E prontamente chegou
Ela estava no jardim
E logo ao guarda falou
Não houve aí quem soubesse
A cilada que ela armou.

Disse Marina ao guarda:

--Be quiet, you unhappy wretch
Spoke the angry Baron
If you argue with me
I will put you in prison
I'll kill you beneath the torture irons
And I'll end all this.

-- You can kill me, she said
Satisfying your anger
You can end my days
But not my free will
Only God knows, no one else
What is in my heart.

She fled to her room
Leaving her father in the salon
Pondering what would be the means
Of fooling the Baron
And how she could free
Her lover from the prison.

After thinking a while
She called for her maid
Telling her to go to the prison cell
And to speak to the guard
That she (Marina) commanded
Him to come speak with her.

The guard received the message
And came immediately
She was in the garden
And spoke right away to the guard
There was no one there who might know
The trap that she was setting.

Marina said to the guard:

Você é um desgraçado	You are a stupid wretch
Mil anos que viva aqui	To live here a thousand years
Não passará de um soldado	You'll never be more than a soldier
Solte Alonso que está preso	Free Alonso who is a prisoner
Que eu o faço felizardo.	And I'll make you a happy man.
--Senhora, disse o guarda:	--My lady, said the guard:
Isso faz minha desgraça	That would make my ruination
Se fizer isso, seu pai	If I do that, your father
Acaba até minha raça	Will do in my entire family
Disse Marina: deserte	Marina said: desert,
P'ra que você quer mais praça?	Why want to remain a simple soldier?
--Dou-lhe dez contos de reis	--I'll give you ten thousand dollars[17]
Para você o soltar	If you free him
Ele vai para o Japão	He will go to Japan
Onde há de negociar	Where he can become a merchant
Você deserte com êle	If you desert with him
Lá pode bem se arrumar.	There you can really set yourself up.
Aí o guarda saiu	At that point the guard left
Con sentido no dinheiro	Thinking only of the money
E pôde se aproveitar	He took advantage of
Do sono do carceireiro	The slumber of the jail keeper
Tirou as chaves do bolso	He took the keys from his pocket
Soltou o prisioneiro.	And he set the prisoner free.

7	
Chegaram ambos no jardim	They both arrived in the garden
Alonso com o soldado	Alonso and the soldier
Ela foi ver o dinheiro	She went to get the money
Que há anos tinha guardado	That she had hidden away years ago
Achou cem contos de reis	She found one hundred thousand dollars
Dinheiro forte acunhado.	A huge amount of money squirreled away.

---

[17] A "conto de reis" was about one thousand dollars at the time of the writing the poem, not exactly peanuts.

Aí disse a Alonso:

Vamos lutar com a sorte

Fuja para o Japão

Dou-lhe um falso passaporte

Com as paixões de meu pai

Você vá, não se importe.

Quando escrever para mim

Para não ser descoberto

Bote Januária Mendes

Filho [a] de Herculano Alberto

As que eu escrever daqui

Vão Inácio Felisberto.

--Você enricando lá

Depois quando aparecer

Meu pai estará mais brando

Não odeia mais você

Se ilude com o dinheiro

Tudo se pode fazer.

Quando foi no outro dia

O barão pôde saber

Que Alonso tinha saído

Deu-lhe febre, quiz morrer

Não assassinou Marina

Por um padre interceder.

8

Com quatro dias depois

Veio um moço passear

Foi à casa do barão

E êsse deu-lhe um Jantar

O tal moço viu Marina

Pediu-a para casar.

Then she said to Alonso:

Let's battle destiny

Flee to Japan

I'll give you a forged passport

In spite of the fits of anger of my father

Go, and don't worry.

When you write to me

To avoid being discovered

Address it to Januária Mendes

Daughter of Herculano Alberto

Those I write from here

Will go to Inácio Felisberto.[18]

-- You growing rich there

Later when you show up here

My father will be more understanding

He will no longer hate you

He will be taken in by the money

Anything can be done.

When the next day came

The Baron came to know

That Alonso had escaped

He got a fever and wanted to die

He did not kill Marina

Because a priest interceded.

Then four days later

A young man came to the neighborhood

And went to the Baron's house

And the Baron offered him a banquet

Said young man saw Marina

And asked for her hand in marriage.

---

[18]   You never see such names in "cordel."

O barão disse que dava	The Baron said yes to this
Porém Marina não quiz	But Marina refused
Disse-lhe pessoalmente	Telling him, personally
Comigo não é feliz	He can never be happy with me
Fora Alonso, para mim	Outside of Alonso, for me
Não tem outro no país.	There is no one else in this country.
Lhe replicou o barão:	The Baron replied to her:
A fôrça tens de casar	You have to marry, no choice
Este homem é muito rico	This man is very rich
Tem bem com que te tratar	He has all the means to treat you well
Se não me fizeres os gôstos	If you don't bend to my will
A vida há de te custar.	It will cost you your life.
--Meu pai, respondeu Marina	Daddy, Marina answered
A morte a me faz bem	Death suits me just fine
O homem que casa a força	The man who is forced into marriage
Que sentiment é que tem?	What sense does that make?
Eu sou mulher, mas à fôrça	I may be a woman, but being forced
Não me caso com ninguém.	I will marry no one.
--E senhor cavalheiro	--And you, senhor gentleman
Saiba que está enganado	Know that you are being deceived
Espôsa sua não sou	I am not your wife
Pois assim tenho Jurado	Since I have sworn thus
Pode ficar na certeza	You can be certain
Que não logra este bocado.	You won't get this sweet thing.[19]

9

Disse o barão: se apronte	The Baron said: you can see
Que ela não se governa	That she can't be controlled
Inda que nisto intervenha	Even though may intervene in this
A autoridade eterna	Divine authority
Casa ainda que vá	Marry her even though she may go
Ao fundo duma cisterna.	To the bottom of a well.

---

[19] An odd turn of phrase but entertaining.

Faltavam apenas 2 meses	Just two months were lacking
Para a realização	For the realization
Quando chegou a precatória	When the official document
Foi logo às mãos do barão	Arrived in the hands of the Baron
Denunciando o tal moço	Denouncing the young groom
De assassino e ladrão	As a murderer and a thief.
Dêste ela ficou livre	She was freed from this one
Pois a justiça o prendeu	For the law arrested him
Porém por caipora dela	Yet for her bad luck
Um primo lhe apareceu	A cousin came out of no where
Pedindo-a em casamento	Asking for her in marriage
O pai prontamente deu.	And her father quickly agreed.
Então Marina lhe disse:	Then Marina told him:
Meu Pai, faça o que quizer	Daddy, do whatever you want
Só eu caso com Alonso	But I will marry only Alonso
Dê o caso no que der	Come what may come
Homem nenhum neste mundo	No man in this world
Terá a mim por mulher.	Will have me for a wife.
O pai já tinha comprador	The father had already purchased
Um muito rico enxoval	A very rich trousseau
Disse a ela: você casa	He said to her: you will get married
Casa por bem ou por mal	You marry for better or worse
Respondeu ela: meu pai	She answered: Daddy
Preparei um punhal.	I will get a dagger.

10

Então escreveu ao primo	Then she wrote her cousin
Que não viesse casar	Saying don't come to the wedding
Sob pena de morrer	Unless he wanted to die
Era cálculo sem errar	It was a calculation without error
Pois mesmo nos pés do padre	For even at the feet of her father
Ela havia de o matar.	She would have to kill him.
Êle mandou lhe dizer	He said telling her

Que abrandasse o coração	That she soften her heart
Se esquecesse do bandido	If she could forget the thug
Que envergonhava o barão	That embarrassed the Baron
Dali a dois dias mais	In just two more days
Êle lhe daria a mão.	He would give her hand in marriage.
Afinal chegou o dia	Finally the day arrived
Que havia de casar	That she would have to get married
Disse Marina consigo:	Marina said to herself:
Por certo hei de me acabar	For certain I will have to do myself in
Que romance interessante	What an interesting romance
Alguém de mim vai formar!	Someone will write of me![20]
Estava o altar preparado	The altar was all prepared
O bispo e o capelão	The Bishop and the chaplain
O presidente da província	The President of the province[21]
Que era amigo do barão	Who was a friend of the Baron
A sala estava completa	The salon was replete
De homem de posição.	With prestigious powerful men.
As criadas de Marina	The maids of Marina
Vestiram o rico enxolval	Dressed her in the rich wedding gown
Ela disse a uma delas:	She said to one of them
Mande dobrar o sinal:	Tell them to ring the church bell:
E por baixo da roupa	And underneath her gown
Colocou logo o punhal.	She placed the dagger.

11

Chegou ao pé do altar	She arrived at the foot of the altar
Mesmo na ocasião	On that very occasion
Que o bispo preparou tudo	That the Bishop had all prepared
O noivo estendeu a mão	When the groom extended his hand
Ela cravou-lhe o punhal	She buried the dagger
Em cima do coração.	Deep into his heart.

---

[20]   This little bit of introspection on the part of Marina and the author is a pleasant surprise.

[21]   This would be governor in later political days, at least in Brazil.

O punhal entrou um palmo	The dagger entered deeply
Êle caiu sôbre o chão	He fell to the earth
Ela perguntou ao pai:	She then asked her father:
Está satisfeito, barão?	Are you satisfied, Baron?
Viu como uma mulher faz?	Do you see what a woman can do?
Cumpri minha jura ou não?	Did I fulfill my oath or not?
O barão ficou pocesso	The Baron was furious
Quiz na mesma ocasião	He wanted only then
Vibrar-lhe outra punhalada	To strike her with another stabbing
Deixá-la morta no chão	Leaving her dead on the ground
Soluçava em desespero	He sobbed in desperation
Em pensar naquela acão	Thinking of what he would do.
Foi um irmão do tal	A brother of the cousin
Vingar nela seu irmão	Came to avenge his brother's death
Ela disse: êste punhal	She said: this dagger
É tudo em minha mão	In my hand is everything
Abaixo de Deus é êle	Below God it is it
Quem me dá a proteção.	That gives me protection.
Aí cravou -lhe o punhal	Then she plunged the dagger into him
Êle caiu sem alento	He fell with no breath
Ela enxugando gritou:	She wiping the blade said:
Tudo aqui eu arrebento	I'll break up everything here
Até meu pai, se opondo	Even my father if he opposes me
Morre ou sofre ferimento!	Will either die or suffer a wound.

12

Aí o bispo pegou-a	Then the Bishop grabbed her
E deu-lhe voz de prisão	And ordered her to prison
--Estou prêsa, disse ela	--I may be a prisoner, she said
Mas não me entrego ao barão	But I'll never give in to the Baron
Me pai me fez assassina	My father turned me into an assassin
E fêz minha perdição!	And brought my perdition!
Apontou para o cadaver	She pointed toward the cadaver

E lhe disse: desgraçado	And she said: you wretch
Morreste por ser covardae	You died for being a coward
Sendo por mim avisado	In spite of being warned by me
Teu irmão também morreu	Your brother also died
E tu fôste o culpad!	And you were to blame!
O bispo disse: Marina	The Bishop said: Marina
Eu garanto a tua vida	I can save your life
Então respondeu Marina:	Then Marina answered:
Ao senhor estou rendida	I am prostate before your lordship
A morte não faz terror	Death causes no fear
Quando a alma está ferida.	When the soul is wounded.
--Jurei perante meu pai	--I swore before my father
Que com outro não casava	That I would marry no other
Porque o amor de Alonso	Because Alonso's love
Fielmente eu conservava	I faithfully maintained
E disse que êste punhal	And I said that this dagger
Era quem me advogava.	Would be my advocate.[22]
--Avisei êste covarde	-- And I warned this coward
Já no último momente	Now in the last moments
Prevení-lhe que o matava	I would surely kill him
No ato do casamento	At the very moment of marriage
Aquilo que digo, faço	What I say I will do, I do
Já cumpri meu juramento.	I have fulfilled my oath.[23]

13

--Meu pai fêz minha desgraça	My father brought my disgrace
Devido a sua ambição	Due to his ambition
Prefiro morrer de fome	I prefer to die of hunger
Encerrada na prisão	Closed up in prison
Porém o amor de Alonso	Yet my love for Alonso
Não sai do meu coração	Will never leave my heart!

---

[22]   The reader of "cordel" cannot but recall the verses of Antônio Silvino or even Lampião when they claim their "rifle de ouro" or weapon will be the mayor of the backlands.

[23]   I think Marina is the fiercest woman of all "cordel!"

--Se na prisão me acabar
Fôr presente ao Criador
Se eu lá lhe puder falar
Direi a êle: Senhor
Tôda culpa que eu tive
Foi entregue ao meu amor!

Disse o barão que a levassem
Para a prisão, amarrada
Porque era assassina
Sanguinaria, desgraçada
--Duas vítimas inocentes
Fêz agora esta malvada!

As criadas acompanharam
Até entrar na prisão
Ela primeiro que tudo
Escreveu para o Japão
Contando tudo a Alonso
O que fêz na aflição.

Alonso já tinha ganho
Dois mil contos no Japão
Quando recebeu a carta
Quase morre de paixão
Disse consigo: é agora
Que me vingo do barão.

14
Na carta ia o seguinte:
"Alonso, me desgracei
"Meu pai quis casar-me à força
"Eu que não casava jurei
"Me levavam aos pés do padre
"Lá mesmo o noivo matei.

-- If I end up in prison
Before the Creator
If I can speak to Him there
I will say to him: Lord
All the faults that I had
Were due to my love!

The Baron ordered them to take her
Bound in bonds to prison
Because she was a murderer
A bloodthirsty, miserable wretch
--Two innocent victims
She caused now this damned person!

The maids accompanied her
Until she entered the prison
The first thing she did
Was write to Japan[24]
Telling Alonso everything
What she did in her affliction.

Alonso already had earned
Two thousand "contos" in Japan
When he received the letter
He almost died of sadness
He said to himself: It is now
That I take my revenge on the Baron.

The letter was as follows:
"Alonso, I disgraced myself
"My father wanted me to be in a forced marriage
"I swore I would never marry
"They dragged me to the feet of the priest
"Right there I killed the groom.

---

[24]   A bit weird Marina was able to write letters. Hmm.

"Matei mais um irmão dêle	I then killed his brother
"Que inteveu-se na questão	Who dared intervene in the matter
"Porque também receava	Because I also feared
"Que podia o barão	That the Baron could
"Visto ter morto meu noivo	Upon seeing my groom deceased
"Querer dar-me o outro irmão.	Want to give me in marriage to the brother.
Tomou Alonso um vapor	Alson took passage on a steamship
E seguiu no mesmo dia	And departed on the same day
Com 6 dias de viagem	After six days of the voyage
Chegou aonde queria	He arrived at his desired destination
Mudou de traje e de nome	He changed his clothing and his name
Que ninguém o conhecia.	So that no one would recognize him.
Encontrou na rua um homem	He ran into a man on the street
Que lhe pedia dinheiro	Who asked him for money
Porque êsse avaliava	Because the guy figuring
Ser Alonso um estrangeiro	That Alonso was a foreigner
Alonso viu com umas chaves	Alonso noticed he had many keys
Conheceu ser carcereiro.	Figuring him to be a jail keeper.
Alonso aí perguntou:	Alonso then asked:
O amigo é carcereiro?	My friend, are you a jailer?
--Sou meu moço, disse o velho	--Yes young man, said the old man
Um mendigo aventureiro	A rambling beggar
Há seis meses que trabalho	I've been working for six months
E não recebo dinheiro.	Without receiving any wages.

15

Alonso com muito jeito	Alonso very cleverly
Fez-lhe uma indigação	Asked him a question
Perguntou: o senhor tem	He asked: sir, do you have
As chaves duma prisão?	The keys to a prison?
Deste prisão onde está	The prison where is being held
A menina do barão?	The daughter of the Baron?
--É esta, mostrou a chave	--It's this one, and he showed the key

Com que abro-lhe a porta
Há seis dias, coitadinha
Com um ferro pesado às costas
Tanto eu creio que amanhã
Talvez amanheça morta.

--Quer 20 contos de reis
Pra tirá-la da prisão?
Disse Alonso mostrando
O cheque que tinha na mão
Disse o velho: Deus me livre
O que me faz o barão?

--Amigo, eu sou Alonso
Por quem Marina está presa
Moro em Japão, sou banqueiro
Tenho dinheiro e grandeza
Venho de lá ocultamente
Só tratar desta defesa.

--Dou-lhe o dinheiro logo
E fuja para o Japão
Chegue lá pode contar
Com a minha proteção
Pois eu para os Japoneses
Tenho mais força do que o barão.

16
O velho coça a cabeça
Diz ai: eu vou pensar
Olhava para o dinheiro
Não podia dispensar
--Pois vinte contos de reis
Eu não deixo de ganhar.

With it I open the door
That was six days ago, the poor thing
With a heavy chain around her back
I believe that by tomorrow
She may wake up dead.

-- Do you want 20 "contos de reis"
To get her out of prison?
Alonso said while showing
The check he held in his hand[25]
The old man said: May God deliver me
What will the Baron do to me?

--Friend, I am Alonso
On whose account Marina is a prisoner
I live in Japan; I am a banker
I have wealth and prestige
I come from there in disguise
Just to plan this defense [of her]

--I'll give you the money right away
And you, go flee to Japan
Once arriving there, you can count
On my protection
Because I, for the Japanese,
Have more power than the Baron.

The old man scratched his head
Saying then: I will think about it
He was looking at the money
He could not do without.
-- Even twenty "contos de reis"
I cannot turn down.

---

[25]   Once again, funny, did Alonso just happen to have a bank check in that amount? Or was it a bank note?

Há seis dias que Marina	It has been six days since Marina
Não viu água nem pão	Has not seen water or bread
Nem luz sequer lhe traziam	They did not even allow her light
Que horrível situação!	What a horrible situation!
Com doze quilos de ferro	Twelve kilos of iron weighing on her
Quase morta sobre o chão.	She almost dead upon the ground.
Quando chegavam-lhe dôres	When the pain came to her
Ela assim mesmo gemia	She groaned from within
Interrogava a si propria	Asking herself
Será noite ou será dia?	Is it night or day?
Nem sequer entra réstea	Not even a small bit of light enters
Nesta maldita enxovia.	In this damned prison.
--Meus Deus, que cova escura	-- My God, what a dark cave
Oh! Tormento sem modêlo	Oh! Unheard of torment[26]
Oh! Luz do sol cintilante!	Oh! Sparkling ray of sunlight!
O sol mais nunca hei de vê-lo	I shall never get to see the sun again
Sou companheira das trevas	I am a companion of darkness!

17

Veio o velho com Alonso	The old man came with Alonso
E entraram na prisão	And they entered into the prison
Alonso quase desmaia	Alonso almost passes out
Vendo Marina no chão	Seeing Marina on the floor
Pôs-lhe a mão, achou-a fria	He put his hand on her and found her cold
Que fazia compaixão.	It was enough to make you feel sad.
Alonso levava leite	Alonso had brought milk
Ràpidamente aquentou	He quickly heated it up
Pondo Marina no colo	Laying Marina in his lap
Ela com pouco acordou	She quickly came to
Tomou um pouco de leite	Drinking a little milk
Com pouco mais melhorou.	With a little more she got better.
Quando Marina acordou	When Marina awoke

---

[26]   Shades of Segismundo in the cave in Spanish Golden Age Literature!

Que viu Alonso a seu lado	Seeing Alonso at her side
Exclamou: meu Deus é sonho?	She exclaimed: My God is this a dream?
Ou terei-me enganado?!	Or have I deceived myself?!
Fitou e chamou por êle	She saw and then called to him
Disse: oh! anjo abençoado!	And said: Oh! My blessed angel!
Logo que Alonso se viu	Once Alonso saw himself
Com Marina em seu poder	With Marina in his hands
Disse consigo: eu agora	He said to himself: for me now
Pouco me importa morrer	Dying matters little
Fiz o que ela me fêz	I did for her what she did for me
Pode o barão se morder.	The Baron can just take it.
Quando êles estavam fora	When they were outside [the prison]
Um official os viu	An officer saw them
E para Alonso e Marina	And for Alonso and Marina
Como uma fera partiu	He took off like a beast
Alonso com um punhal	Alonso with a dagger
Cravou-lhe e êle caiu.	Stabbed him and he fell to the ground.

18

Chegaram mais 5 praças	Five more soldiers arrived
A Alonso acometeram	And all five attacked Alonso
Alonso atirou em dois	Alonso shot two of them
Aí mesmo êles morreram	And they died right there
Marina ainda matou um	Marina killed one herself
Ficaram dois e correram.	The last remaining two ran off.
Correu ao pôrto e disse	He [Alonso] ran to the port and said
Ao capitão do navio	To the ship's Captain
Que queriam partir logo	That they wanted to leave right away
Que o tempo estava de estio	That the time was ripe
Êsse disse: agora não	The Captian said: not now
O barco estava vazio.	The ship was empty.
No outro dia às dez horas	At ten o'clock the next morning
Estava o barco preparado	The ship was ready to sail

O barão desconfiou	The Baron was distrustful
Que o barco estava fretado	That the ship was freighted in good faith
Pôs em estado de sítio	He placed it in a state of siege
Foi o navio embargado.	The ship remained embargoed.
Correu-se canto por canto	Alonso searched everywhere from up to down
A fim de ver se achava	To see if he could find
Um velho amigo de Alonso	An old friend of his
Numa cova se conservava	Living in a cave
Então o velho escondido	The old man in hiding
Todo negócio espreitava.	Was prime for any deal.
Alonso mandou pelo velho	Alonso sent via the old man
Uma carta ao capitão	A letter to the Captain
Que fôsse falar com êle	Asking him to talk to him
Pois havia precisão	Because it was necessary
Dizendo: eu tenho dinheiro	Saying: I have the money
Que compre a navegação.	To buy the departure.
19	
Pronto o capitão chegou	The Captain arrived quickly
Então Alonso lhe disse:	Then Alonso told him:
Que queria retirar-se	That he wanted to depart
Oculto que ninguém visse	But hidden so no one would see him
A quantia do dinheiro	The amount of money
O capitão lhe pedisse.	Whatever the Captain asked.
Com pouco chegou um soldado	Shortly thereafter arrived a soldier
Procurando o capitão	Searching for the Captain
Chegando a êle entregou-lhe	Seeing him, he gave to him
Uma carta do barão	A letter from the Baron
Dizendo: custa-lhe a vida	Saying: it will cost you your life
Se partir para o Japão.	If you set sail for Japan.
O capitão que era forte	The Captain who was strong
Disse a Alonso: se apronte	Said to Alonso: get ready
Embarque, conduza a moça	Embark and take the young girl

Comigo ao Japão, conte	With me to Japan, but I tell you
Você só sai do meu barco	You will only leave my ship
Se fizerem de mim ponte.	If they use me for a bridge.
A uma da madrugada	At one o'clock early morning
O navio abriu a vela	The ship opened its sail
Seguiu de bandeira içada	It moved with a hoisted flag
Então a noite era bela	That night was beautiful
Pois no mar isto é vantagem	At sea this is an advantage
Uma noite como aquela.	A night such as that one.
Assim que o vigia viu	As soon as the watchman saw
Que Alonso tinha fugido	That Alonso had escaped
Correu deu parte ao barão	He ran, telling the Baron
Que o barco tinha saido	That the ship had left
O barão deu um ataque	The Baron suffered an attack
Ficou sôbre o chão caido.	He ended falling to the ground.

20

Mandou chamar u'ma esquadra	He ordered a squadron to be called up
E mandou que perseguisse	And ordered it to set sail
Onde pegasse o navio	Wherever they caught up with the ship
Prendesse se resistisse	They would arrest anyone who resisted
Matasse Alonso lá mesmo	And kill Alonso right there
Queimasse a filha se visse.	And burn the daughter if they find her.
Tinha andado dois dias	Two days had passed
Era uma manhã muito cedo	It was a very early morning
Deu fé que uma tripulante	A crew member saw
Que perseguiu um torpedo	That a torpedo was pursuing them[27]
O capitão preparou-se	The Captain prepared all
Disse: aqui não há medo.	He said: no need to fear here.
Com poucas horas depois	A few hours later
O navio os alcançou	The Baron's ship reached them
Deram-lhe voz de prisão	They ordered them all to be under arrest

---

[27]   The text says "torpedo" but it must be a boat in the shape of a torpedo.

O capitão se alterou	The Captain was shocked
Alonso saiu na proa	Alonso came out on the bow
A batalha se travou.	The battle then began.
Cento e quarenta soldados	One hundred and forty soldiers
Contra o barco se botaram	Were launched against the ship
O capitão morreu logo	The Captain perished right away
Com os tiros que trocaram	With the shots that were exchanged
O navio que Alonso ia	The ship Alonso was on
As balas o estragaram.	Was torn up by the bullets.
Marina disse a Alonso:	Marina said to Alonso:
Se perdermos esta vitória	If we lose this victory
Tocamos fogo na pólvora	We set fire to the ship's gunpowder
Que para nós será esta gloria	For us our glory will be
De nós não há um que fique	That neither of us will remain
Para contar a história.	To tell the story.
O chefe da expedição	The leader of the expedition
Disse a Alonso: se renda	Said to Alonso: surrender
Maria com ânimo disse:	Maria said courageously:
A nós não vejo quem prenda	I don't see the one who can arrest us
Estams sós, vamos ver	We are all alone here; let's see
Quem é que ganha a contenda.	Who wins the contest.
Disse Alonso: peleje ...	Alonso said: let the fight begin
E desceu logo ao porão	And immediately went down to the bilge deck
Trouxe um caixote já pronto	He brought up a box he had prepared
E com toda disposição	And with all as planned
Deitando fogo na pólvora	Setting the gunpowder [therein] afire
Foi medonha a explosão.	The explosion was deafening.
Porém Alonso e Marina	Somehow Alonso and Marina
Da explosão se escaparam	Escaped the explosion
Por uma felicidade	By a stroke of good luck
Uma tábua encontraram	They found a big beam
Passando por perto dêles	Floating near to them

Ambos nela se pegaram.	And both grabbed on to it.
Dos inimigos de Alonso	Of the enemies of Alonso
Apenas um se salvou	Just one survived
Por sua felicidade	By his good fortune
Um salva-vida inda achou	He found a life -saver
Que foi êle que ao barão	It was he who told the baron
Todo ocorrido narrou.	Repeating all that had taken place
O barão como uma fera	The Baron was like a wild beast
Depois de está informado	After being informed of this
Aí foi ver o punhal	At that point he pulled out the dagger
Que ainda estava guardado	That he still had on him
Remeteu aos pais dos mortos	Sending it to the parents of the dead
Que era o conde seu cunhado.	A Count, being his brother-in-law.

22	
E mandou pedir ao conde	And he ordered the count
Que guardasse por lembrança	That he keep it as a souvenir
O punhal com todo sangue	The dagger all bloodied
Como papel de herança	As a part of his inheritance
Dizendo: eu só apareço	Saying: I will only appear
Depois de minha vingança	After my vengeance takes place.
Mandava dizer na carta	He ordered to be written in the letter
Do Conde do Montalvão:	To the Count of Montalvão:
"Vou perseguir o bandido	"I am going to pursue the scoundrel
"O mato em um caldeirão	"I will kill him in a cauldron[28]
"Marina, abro-a pelas costas	"Marina, I will slice open her back
"Arranco-lhe o coração."	And I will tear out her heart."
O conde e a condessa	The Count and the Countess
Quando a carta receberam	When they received the letter
Con esta triste notícia	With the sad news
Que seus dois filhos morreram	That their two sons had died
Passarm 8 ou 10 dias	They spent eight or ten days

---

[28]   One supposed a cauldron of boiling oil, as was the custom.

Aque apenas água beberam.	Drinking only water.
O conde e sua mulher	The Count and his wife
Todo dia consultava	Everyday spent talking,
Que de todos os seus filhos	For of all their children
Apenas um lhes restava	Only one was left
E êsse para o futuro	And this one in the future
Era quem tudo vingava.	Would be the one to take vengeance.
Deixamos aqui os planos	Let's leave here for now the plans
Que os condes adotaram	That the Counts had adopted[29]
Veja Alonso e Marina	Let's see Alonso and Marina
Como foi que se salvaram	How it was they were saved
Quase nas ânsias da morte	Almost at the point of death
Com um protetor se acharam.	They were found by a protector.

23
O navio fundou logo	The ship had sunk
Devido os grandes estragos	Due to all the bombardment
Marina disse: Alonso	Marina said: Alonso
Morremos bem estamos pagos	We die well, we are well paid
Nossas almas vão unidas	Our souls go united
Deus verá nossos afagos.	God will see our caresses.
Disse Alonso: eu contigo	Alonso said: I with you
Da morte não tenho lembrança	Have no memory of death
Faço de conta que vou	I believe that I am going
Para o céu numa mudança	To heaven as a changed man
Teu peito serve de sombra	Your breast serves as a shadow
Onde minh'alma descansa.	Where my soul rests.
Disse Marina sorrindo:	Marina said smiling:
Isso aqui é um altar	This around us is an altar
Os peixes são sacerdotes	The fish are the priests
Um há de vir nos casar	One will come to marry us
Eu fui pedida na terra	I was betrothed on the land

---

29   Aha! The epic change of scene!

E o casamento é no mar,	And the marriage is at sea.
Ambos ficaram vagando	Both remained floating
Esperando pela morte	Waiting for the arrival of death
Alonso disse: Marina	Alonso said: Marina
Vamos ver que dá a sorte	Let's see what fortune provides
Hajo o que Deus fôr servido	As God may be served
Ainda que a vida nos corte.	Even though our life may run its course.
Disse Marina a Alonso:	Marina said to Alonso:
Eu não tenho a esperança	I do not have any hope
O mundo, o outro é a família	The world, the other world, is my family
Risquei tudo da lembrança	I risked it all, all my memories
Tudo com a morte se acaba	It all ends with death
Tudo com a vida se alcança.	All in life is achieved and done.

24	
Olhou para Alonso e disse:	She looked at Alonso and said:
Vamos fazer oração	Let's pray together
Nos confêssemos a Deus	Let's confess to God
E lhe pedimos perdão	And ask his pardon
Por tumba temos o mar	We have the sea as our tomb
Por coveiro o tubarão.	For undertaker, the shark.
Olhou para o céu e disse:	She looked up to heaven and said:
Jesus Cristo Redentor	Jesus Christ Redeemer
Deus homem verdadeiro	God and true man
De todo mundo senhor	Lord of all the earth
Olhai p'ra êstes infelizes	Look down upon these unfortunates
Pobres escravos do amor!	Poor slaves of love!
--Pelo tôpo do Calvário	-- From the top of Calvary
Onde a grande cruz se ergeu	Where the great cross was raised
Por vosso sangue inocente	Through your innocent blood
Que em gôta na cruz desceu	In drops on the cross it descended
Pelas chagas, pelos cravos	By the wounds, by the nails
Perdão para o crime meu!	Pardon me for my crimes.

--Pela cálice da amargura
Vos peço meu Deus, me acuda
Eu sou mereço que faças
Para mim as ouças mudas
E vos peço por vossas dôres
E pela tragédia de Judas!

By the bitter chalice
I ask you my God, please help me
I only deserve that you for me
Hear my mute prayers
And I ask you through your sufferings
And through the tragedy of Judas!

--Meus Deus vós bem conheceis
Meu coração traidor
Não fiz traição a meu pai
Nem a êsse tenho rancor
Só vós podereis saber
A ciência do amor.

-- My God you well know
My treacherous heart
I did not commit treason with my father
Nor of him do I hold any rancor
Only you may know
The science of love.

25
--Vos peço ó Deus se quizer
Com pena me castigar
Mandai que as águas se abram
Para nelas me afogar
Salvando Alonso é bastante
Estou satisfeita em pagar!

-- I ask you o' God if you wish
To punish me with pain
Order that the sea may open
So that I drown in the waters
Saving Alonso is enough
I am satisfied for paying the price.

Aí Marina ouviu
Uma voz desconhecida
Dizer-lhe: a tua oração
Por Deus do céu foi ouvida
Com pouco vem uma onda
Que salvará tua vida.

Then Marina heard
An unknown voice
Say to her: your prayer
Was heard by God in heaven
Soon a wave will come
That will save your life.

Então perguntou Marina:
Quem és tu que estás falando?
É tua mãe, respondeu-lhe
Estou sempre por ti velando
Há quinze anos que morri
Mas vivo te acompanhando.

Then Marina asked:
Who are you that is speaking to me?
It is your Mother who answered her
I am always watching out for you
I died fifteen years ago
But I live accompanying you.

Aí chegou uma onda

Then a wave came

Com toda força arrojou-os	It hit them with full force
Com espaço de três horas	And in the space of three hours
Sobre uma praia botou-os	It flung them onto a beach
Alonso pegou Marina	Alonso clung to Marina
Aí a onda deixou-os	Then the wave left them.
Já o sol ia se pondo	Then as the sun was setting
Seus raios de ouro morrendo	Its golden rays dying
O manto negro da noite	The black mantle of night
Sôbre o mundo estendendo	Was extending over the earth
E êles esmorecidos	And they nearly fainting
Gelados no chão tremendo.	trembling frigid on the ground.

26	
Marina exclamou: que frio!	Marina exclaimed: how cold!
Que fome me devorando!	And what hunger devouring me!
Que ilusões sinto nervosa!	And what illusions I nervously feel!
Que dôres me ameacando!	What pain threatening me!
Será o anjo da morte	Could it be the angel of death
Que está no visitando?	Who is visiting us?
Nisto ouviram umas pisadas	Then they heard some footsteps
Era um homem pescador	It was a fisherman
Viu os dois caidos ali	He saw the two fallen there
Gritou com todo terror:	He shouted in great fear:
É alma de outro mundo	Is it a soul from another world
Ou algúm salteador?	Or a robber?
--Não sou alma nem ladrão	-- I am not a lost soul or a thief
Nós somos dois naufragados	We are two shipwrecked persons
Escapamos de morrer	We escaped death
Estamos aqui derrotados	We are beaten down here
Lutamos o dia inteiro	We have battled all day long
Saimos, estamos gelados.	We survived but are nearly frozen.
Estão nús? Perguntou o homem	Are you naked? Asked the man
--Ambos estamos, sim senhor!	--Both of us are, yes sir!

--Coitados! Que lástima é esta;	--Poor things! What a pity;
Exclamou o Pescador	The fisherman exclaimed
Náufragos em terra alheia	Sea wrecked in a foreign land
Meu Deus do céu, que horror!	My God in heaven, how horrendous!
--Meu amigo, eu sou um pobre	--My friend, I am a poor man
Pobre e desprevenido	Poor and unprepared
Sinto nada possuir	I am sorry for I possess nothing
(disse-lhe o desconhecido)	(The unknown man said to him)
Porém vou em nossa casa	However I will go home
Ver se arrumo um vestido.	To see if I can find a dress.

27

O homem e a mulher	The man and his wife
Conseguiu logo um vestido	Succeeded right away in finding some clothing
Alonso vestiu Marina	Alonso dressed Marina
Que já tinha esmorecido	Who had fainted
E se embrulhou numa capa	And he wrapped himself in a cape
Que to homem tinha trazido.	That the man had brought.
Disse o Pescador a êles;	The fisherman said to them:
Eu não tenho o que lhes faça	I have no way of helping you
Minha casa é a mais pobre	My house is the poorest
Que tem aqui nesta praça	That there is in this place
Vamos pra lá assim mesmo	Even so let's go there
Que a noite depressa passa.	For it is soon going to be night.
Alonso pôs-se indagando	Alonso went on with questioning
Depois de uma refeição	After a meal
Si ali morava um homem	If there were a man who lived there
Que tivesse transação	If there could be a possible transaction
Ou tomasse alguns dinheiros	Or of taking some money
Aos banqueiros do Japão.	To bankers in Japan.
--Tem Monsenhor Manacês	--There is Monsignor Manacês
--E Manacês mora aqui?	--And does Manacês live here?
--Mora, e é negociante	--He does and he is a businessman

A casa dêle é ali;	His house is just over there;
--É meu freguês, disse Alonso	--He is one of my customers, said Alonso
Só tem é que nunca o vi.	It's just that I've never seen him.
Então Alonso escreveu-lhe	Then Alonso wrote to him
Contando todo ocorrido	Telling all that had happened
Contando de seu embarque	Telling of his embarking
Como se tinha perdido	How he had lost all
E de que forma se achava	And the predicament he had found himself in
E como tinha saido.	And how he had escaped it.

28

Manacês na mesma hora	Manacês that very hour
Veio aonde Alonso estava	Came to where Alonso was
Perguntou-lhe o que queria	Asked him what he wanted
E de quanto precisava	And how much money he needed
Disse o quanto possuía	Saying that whatever he had
Ao seu dispôr estava.	Was at his disposal.
--Precisava uma embarcação	-- He needed a small boat
Para dar ao Pescador	To give to the fisherman
Êle foi bom para mim	He treated me well
Foi êle o meu Salvador	It was he who saved me
É necessáro dar-lhe	It is necessary to give him
Seja que quantia fôr.	Whatever amount was necessary.
O navio que Alonso vinha	The ship Alonso had been on
O mar tinha arrojado	Had been thrown by the sea
Estava perto da praia	It was near the beach
Que as águas tinham botado	Where the waves had carried it
Foram, acharam o dinheiro	They went to it and found the money
Que Alonso tinha guardado.	That Alonso had hidden.
Alonso comprou um barco	Alonso bought a ship
Que estava no estaleiro	That was in the shipyard
Procurou um capitão	He searched for a Captain
Um homem forte e guerreiro	A strong man and a warrior

Que fôsse conhecedor	Who was familiar with
De qualquer mar estrangeiro.	Any foreign ocean.

Depois de 5 o 6 dias	After five or six days
Tomaram o barco e seguiram	They took over the boat and set sail
Levando quatro criados	Taking along four servants
Que para o Japão partiram	With Japan the destination.
Mas logo ao sair do pôrto	But right after leaving the port
Em grande luta se viram.	They found themselves in a mighty battle.

29
Um grande peixe feroz	A huge, ferocious fish[30]
Contra o barco se botou	Rammed the side of the boat
Quase que vira o navio	It almost turned the boat over
Ainda o arruinou	Yet almost destroyed it
Porém vinha um calafate	However a shipwright appeared
Aí mesmo o consertou.	Who repaired it right there.

Ia tudo tão tranqüilo	Everything then was so tranquil
Nada havia de embaraço	There was no vexation
Alonso e marina andavam	Alonso and Marina spent their time
Sempre na proa, de braço	Arm in arm on the bow
O barco era como uma ave	The ship was like a bird
Que ia cortando o espaço	Flying through the air.

Mostrava Alonso a Marina:	Alonso showed to Marina:
Vês esta sol como brilha?	Do you see the sun how it shines?
Aquêles flocos de neve	Those flakes of snow
Fingindo uma maravilha	Forming an imaginary marvel?
Como é belo uma hora desta	How beautiful is an hour like this
Juntar-se as nuvens em pilha!	Clouds coming stacked together.

Nêste momento Marina	At that moment Marina
Olhando para a amplidão	Looking at the vastness
Observou que atrás dêles	She saw that behind them

[30] Gotta be a whale!

Vinha uma embarcação
Com u'a bandeira encarnada
Conheceram ser o barão.

--Alonso, exclamou a Marina
Nossa desgraça chegou
Olha aquela embarcação
Foi Deus que nos castigou!
Meu Deus, oh! que tormento
Mas Alonso a acalmou.

30
Disse ao capitão do navio
Somos de nôvo perseguidos
Se o barco os alcançar
Um de nós fica perdido
Éle hoje mata ou morre
Um de nós fica vencido.

Marina disse a Alonso:
Eu sou filha e êle é meu pai
Contudo ainda o amo
Sinto um amor que me trai
Hoje somos inimigos
Um de encontro ao outro vai.

Não passaram duas horas
Se confrontaram os guerreiros
Os navios eram bons
Ambos fortes e ligeiros
O barão se preparou
E preveniu dois artilheiros

Então gritou ao Alonso:
Pára este barco, bandido!
Tu hoje te arrependerás
Se seres tão atrevido!

Drawing near another ship
With a red flag
That they recognized to be the Baron's.

--Alonso, exclaimed Marina
Our misfortune has arrived
Look at that ship
It was God who was punishing us!
My God, oh' what a torment
But Alonso calmed her down.

He said to the ship's Captain
We are being hunted again
If that ship catches us
One of us will lose
He [the Baron] either kills or is killed
Either he or us ends up defeated.

Marina said to Alonso:
I am his daughter and he is my father
In spite of all I still love him
I feel a love that betrays me
Today we are enemies
One seeks the encounter with the other.

Two hours had not gone by
When the warriors confronted each other
The ships were good ones
Both strong and swift
The Baron prepared himself
And he commanded two artillery guns.

Then he shouted to Alonso:
Stop this ship, you bandit
You today will be sorry
For being so daring!

Alonso disse ao barão:
Haja o que Deus fôr servido.

Aí gritou o barão:
Atirem nêste navio
Pois a um bandido dêste
Não se fala em desafio
Se êle escapar eu vou dentro
Mato tudo a ferro frio.

31
Dispararam duas peças
Que o navio estremeceu
Alonso também de cá
Um tiro enorme lhe deu
O navio que Alonso ia
Uma bala ainda rompeu.

Alonso disse ao barão:
É melhor se acomodar
Volte daqui, vá viver
Não queira me desgraçar
Eu pago suas despesas
Para o senhor se aquietar.

--Miserável aventureiro
Não quero te dar ouvido
Tu hoje hás de me pagar
Tudo que tenho sofrido
Num caldeirão deste barco
Tu hás de seres cosido!

E repetiu com um tiro
Mas Alonso se livrou
Atingiu o capitão
Um balaço aterrador
Éste morreu ali mesmo

Alonso said to the Baron:
May it be as God is served.

Then the Baron shouted:
Open fire on this ship
Since to a bandit like this one
One doesn't even speak of a duel
If he escapes I will board her
I'll kill all in cold blood.

They shot two cannons
That made the ship shake
Alonso also from his side
Returned a tremendous blast
The ship Alonso was on
Suffered a break from a cannonball.

Alonso said to the Baron:
It is better to compromise
Leave from here, go and live life
Do not try to disgrace me
I will pay all your expenses
If you sir just calm down.

--You miserable scoundrel
I do not wish to listen to you
You today have to pay me
For all I have suffered
In a cauldron on this ship
You have to be sewn!

And he followed with another shot
But Alonso escaped it
The Captain was hit
With a terrifying volley
He died instantly

Que nem gemeu com a dor.	Not even groaning with the pain.
Um tenente coronel	A Lieutenant Colonel
Que acompanhava o barão	Who accompanied the Baron
Saltou no navio de Alonso	Jumped aboard Alonso's ship
Com uma espada na mão	With a sword in his hand
Marina deitou-lhe um tiro	Marina leveled him with one shot
Morreu e não fêz açao.	He died without a fight.

32

Investiu mais um major	Then a Major attacked
Um sargento e um soldado	As well as a sergeant and a soldier
Marina emparelhou os três	Marina nailed the three
Com um tiro tão acertado ·	With one accurate shot
Que matou 2 num momento	Killing two at the same time[31]
Outro ficou aleijado.	The other ended up wounded.
O barão e os dois alferez	The Baron and two lieutenants
Contra Alonso e dois criados	Facing Alonso and two servants
Ambos os varou com os tiros	Both were riddled with bullets
Estavam muito estragados	They were heavily damaged
Pareciam seis leões	They were like six lions
Lutando desesperados	Battling desperately.
Marina disse: meu pai	Marina said: My father
Deixe de ser orgulhoso	Stop being ruled by your pride
Atenda o poder divino	Be attentive to the divine power
Que é o único poderoso	Which is the only power
Lle peço em nome de Deus	I ask you in the name of God
Não seja tão rigoroso.	Don't be so rigorous.
--Suma-se infeliz maldita!	--Get out of here, unfortunate damned one
Não quero olhar-te 1 instante!	I don't want to see you even for an instant!
Se eu aqui não me afogar	If I do not drown here
Mato a ti e a teu amante	I will kill you and your lover
Eu mato ainda que Deus	I will kill even though God

---

[31]   There is a comparable scene when Maria Bonita joins Lampião in one of his battles.

Contra mim se meta adiante.	Sides against me in the future.
Tudo já tinha morrido	Everyone had already died
Restava êle somente	Only he was left
Alonso viu que morria	Alonso was expecting to die
E o barão estava imprudente	And the Baron was reckless
Soltou-lhe uma dynamite	He threw a stick of dynamite
Foi-se o barco de repente.	And it sunk the ship immediately.

33

Porém por felicidade	However, fortunately
Sempre escapou o barão	Also escaped the Baron
Agarrou-se num escaler	He grabbed onto a launch (life boat)
Que escapou da explosão	And escaped the explosion
Escapou quase sem roupa	He escaped almost naked
Porém o punhal na mão.	But with his dagger in his hand.
O navio que Alonso ia	The ship Alonso was on
Da explosão se estragou	Was destroyed with the explosion
Da gente ficaram êles	Only they [Alonso and Marina] remained
O mais tudo se acabou	Everything else was destroyed
Felizmente que o dinheiro	Fortunately their money
Marina logo aguardou.	Marina kept right away in a safe place.
Submergiu-se o navio	The ship sunk
Éles salvaram-se em um bote	They were saved in a lifeboat
Marina exclamando disse:	Marina exclaiming said:
Ó Deus, naufrágio é meu dote	Oh my God, to be shipwrecked is my dowry
Pedimos Senhor, agora	We ask You oh Lord, now
Que em boa praia nos bote.	Land us on a good beach.
O barão desesperado	The Baron, desperate
Por não poder encontrar	For not being able to find
Com Alonso e Marina	Alonso and Marina
Con tenção de ainda lutar	With the intention of continuing to fight
Levava o punhal nos dentes	He had his knife between his teeth
Que chegava a se cortar.	And succeeded in cutting himself.

Conseguiu a se encontrar	He was able to find himself
Com o bote que Alonso ia	Beside the lifeboat Alonso was in
Falava, mas com a cólera	He spoke, but with all his anger
Quase que ninguém ouvia	It was nearly impossible to hear him
Quando olhava para êle	When he looked at him [Alonso]
Todo corpo lhe tremia.	His entire body was trembling,
--Eis aí, disse o barão	--You over there, said he Baron
Vamos ver o que dá a sorte	Let's see what fortune brings.

34

Bandido, hoje um de nós	Scoundrel, today one of us
Será herdeiro da morte	Will inherit death
As facas são testemunhas	Our knives are our witnesses
Ganhará quem fôr mais forte!	The strongest will win![32]
E se travaram n aluta	And they commenced to battle
Inda Alonso se feriu	And Alonso was wounded
Alonso virou-lhe o bote	Alonso turned the Baron's small boat over
Êle n'água se sumiu	And he (the Baron) disappeared in the water
Estava morrendo afogado	He was dying by drowning
Mas Marina o acudiu.	But Marina came to his rescue.
Êle salvando-se disse:	He being saved said:
Ainda fizeste esta ação?	Why did you still do this to me?
Não julgava ainda achar isto	Not judging yet thinking this
Em teu cruel coração!	In your cruel heart!
Alonso ainda falou	Alonso tried to say something
Êle não deu-lhe atenção.	He paying him no heed.
Êle em soluço exclamava:	He exclaimed, sobbing:
--Oh! Que coração cruel!	-- Oh! what a cruel heart!

---

[32]   The long-time reader of "cordel" can only recall the countless story-poems of "valentes" and "cangaceiros" who fight to the death, first trading rifle and pistol fire, but always with the final test of cold steel. The knives. And it is no accident João Guimarães Rosa followed the backlands tradition in "A Hora e Vez de Augusto Matraga" as well as his epic "Grande Sertão: Veredas" with the final battle or Rioobaldo and Hermógenes.

Bôca que tanto beijei	The mouth I kissed so much
Me parecia ter mel	It seemed to me to be of honey
Não sabia que no futuro	Not knowing that in the future
Fôsse uma taça de fel!	It would be a cup of bile!
Em noites, ela pequena	At night, she so tiny
Só se acalmava comigo	Only calmed down with me
Se ela dormindo achava	If she were crying in her sleep
Eu estava sempre consigo!	I was always with her.
Como se cria nos braços	How does one raise in his arms
O mais tirano inimigo?	The most tyrannic enemy?
Saiu pelo mar vagando	Wandering through the sea
Uma embarcação achou	A ship came upon the small boat
Viu que era um naufragado	Seeing it was a shipwrecked person
Parou o barco e o salvou	The ship stopped and saved him

35
Êle dizendo quem era	He (the Baron) saying who he was
A embarcação o levou	The ship carried him off.
Alonso com Marina	Alonso with Marina
Sairam tambêm vagando	Also floating in the sea
Viram um barco japonês	Spied a Japanese ship
Adiante dêles passando	Passing in front of them
Alonso pediu Socorro	Alonso cried out for help
Foi logo o barco parando.	The ship stopped right away.
Em dia e meio de viagem	In a day and night of travel
Chegaram sempre ao Japão	They arrived safely in Japan
Levaram os papéis prontos	They had prepared their documents
Se casaram sem bencão	They married without a blessing
Descansou aí Alonso	Alonso rested at that moment
Das intrigas do barão.	From the troubles with the Baron.
O barão chegou em casa	The Baron arrived home
Encontrou tudo estragado	He found everything destroyed

O palácio onde morava	The palace where he lived
Já se tinha incendiado	Had burned to the ground
Algum prédio que ainda tinha	Any building he still possessed
Estava hipotecado.	Was mortgaged.
Dizia êle a si mesmo:	He said to himself:
Vou morrer no estrangeiro	I'm going to die overseas
Aonde ninguém me conheça	Where no one knows me
Quem já fui eu de primeiro	When I was on top of the heap
Ninguém zombará de mim	No one dared to make fun of me
Quando eu não tiver dinheiro!	But now when I will have no money!
Êle não sabia pra onde	He did not know where
Alonso tinha ido	Alonso had gone
Embarcou para o Japão	He embarked for Japan
Onde era desconhecido	Where he was not known
Um cheque que levava	A check that he was carrying
Chegou, estava perdido.	Had arrived but was lost.

36

Carregou lixo na rua	He cleaned trash in the street
Afim de se alimentar	In order to have something to eat
Caiu seis meses doente	He fell sick for three months
Depois de se levantar	And after getting up
Pra não morrer de fome	In order to not starve to death
Foi preciso mendigar.	It became necessary to beg.
Foi procurar um emprego	He went to hunt for a job
De forma alguma encontrou	No way he could find one
Apenas numa cocheira	Only in a stable
Alguns meses se empregou	He worked for a few months
O trabalho era pesado	It was very heavy work
Êle não agüentou.	He could not take it.
O leitor calcule agora	The reader may figure now
Que horrível situação	What a horrible situation
Hoje ser um jornaleiro	Today being a day laborer

Quem ontem foi barão	He who yesterday was a Baron
Ontem com tanta fortuna	Yesterday with so much richness
Hoje mendigando o pão.	Today begging for bread.

--Mas, tudo isso é verdade	--But all this is true
Dizia êle consigo	He said to himself
Morrerei entre os estranhos	I will die amongst strangers
Sem ver sequer um amigo	Without seeing even one friend
Ninguém me perguntará	No one will ask me
Quêde teu orgulho antigo?	Where is your old pride?

--Aqui ninguém me conhece	--Here no one knows me
Não saberão que fui eu	They will not know who I was
Em minha terra dirão	In my land they will say
Que o barão já morreu	That the Baron has already died
Não há quem tenha o prazer	There will be no one who has the pleasure
De ver o sofrimento meu.	Of seeing my suffering.

| --Alguém que passa por mim | --Anyone who passes by me |
| Dirá: é um desgraçado | Will say: he is a poor wretch |

37

Nao sabe quem fui outrora	He will not know who I was before
Desconhece o meu passado	He will not know of my past
Também pela sepultura	Also by the tomb
Muito breve sou chamado.	Very soon I will be called.

Muitas vezes o barão	Many times the Baron
Recordando seu passado	Remembering his past
Dizia consigo só:	Said only to himself:
Eu sou muito desgraçado	I am totally wretched
Eis aí o meu orgulho	This due to my pride
Em que fui tornado!	In what I was to become!

--Aquêle pobre rapaz	That poor boy
Que anda no fim do mundo	Who wanders the end of the earth
Feito um pobre foragido	Made into a poor fugitive

Talvez até um vagabundo	Perhaps even as a vagabond
Eu merecia por isto	I have deserved for this
Um sofrimento profundo!	Profound suffering!
--Minha filha, sendo única	--My daughter, being the only one
Que minha mulher deixou	That my wife left me
A quem sua mãe morrendo	Upon seeing her mother dying
Tanto me recomendou	She told me so often
Eu obrigá-la a chegar	It was I who obliged her
Ao extremo que chegou!	To go to the extreme she did.
Um dia que não ganhou	One day when he did not earn
Com que comprar alimento	Enough to buy food
E de noite não achou	And at night did not encounter
Quem lhe desse aposento	Anyone to give him shelter
Essa noite para êle	That night for him
Foi um cárcere de tormento	Was a tormented prison.
Oprimido pela fome	Oppressed by hunger
Pois nada comeu no dia	For he had not eaten that day
A roupa tôda rompida	His clothes all torn
Que o corpo lhe aparecia	So much that it showed his body

38

Deitado numa calçada	Lying down on a sidewalk
Imunda, molhada e fria	Stinking, wet and cold.
Um dia disse Marina:	One day Marina said:;
Meu pai há de ter morrido	My father must have died
Aquêle seu grande egoísmo	That great egoism of him
Há de tê-lo consumido	Must have consumed him
Pois o comum do orgulho	Since the price of pride
Ê sempre ser batido.	Is always to be beaten down.
Disse Alonso: tenho pena	Alonso said: I have pity
Da loucura do barão	Of the insanity of the Baron
Mas êle é orgulhoso	But he is proud

A ninguém presta atenção	And pays no heed to anyone
Com tudo isso assim mesmo	Even with all this in mind
Não lhe negava perdão.	I have never denied him pardon.
Disse Marina: isso mesmo	Marina said: for that reason
Com tôda essa crueldade	In spite of all his cruelty
Não posso deixar de ter-lhe	I cannot do less than have for him
Uma forçosa amizade	A strong friendship
Êle tem ódio de mim	He hates me
Eu dêle tenho saudade.	I just miss him.
--Se ainda chegar o dia	--If the day yet comes
Qu'eu o veja hei de curvar-me	And I see him, I will have to bow down
Embora o orgulho dêle	Even though it is his pride
Prive a êle de abraçar-me	That keeps him from embracing me
Porém se ver-me a sues pés	Yet if he sees me at his feet
Muito humilhada há de tomar-me	Very humbled he will see me.
Bem na calçada de Alonso	Right on Alonso's street
Foi um dia êle cair	On a certain day he (the Baron) fell down
Alonso conheceu êle	Alonso recognized him
E para não o alfligir	And to not upset him
Sem dizer nada mandou	Without saying anything he ordered
Um criado o conduzir.	A servant to transport him

39

Deu lhe quarto e u'a cama	He gave him a room and a bed
Um medico veio lhe visitar	A medical doctor came to see him
Êle fazia juizo	He was alert
Mas não podia acertar	But he could not figure out
Porque meio aquêle homem	By what means that man
Assim queria o tratar.	Wanted to treat him.
Marina, êle e Alonso	Marina, he (the Baron) and Alonso
Uma noite conversando	Conversing one night
Disse êle: sou um monstro	He said: I am a monster
Ê justo eu estar penando	It's just that I am suffering

Assassinei uma filha	I murdered a daughter
Deus está me castigando	God is punishing me.
--Fui malvado como Herodes	--I was as wicked as Herod
Soberbo como Lusbel	Arrogant as Lucifer
Tinha uma única filha	I had just one daughter
Uma alma nobre e fiel	A noble and faithful soul
Contra a razão obriguei-a	I wrongfully obliged her
A beber taça de fel.	To drink a cup of bile.
--Se eu ainda visse meu genro	If I were yet to see my son-in-law
Para pedir-lhe perdão	To ask his forgiveness
E pedir que me matasse	And to ask him to kill me
Eu lhe perdoava então	Then I would pardon him
Minha vida hoje é um fardo	My life today is a burden
Dela não tenho precisão.	Which I do not need.
--Eu sou um ente incapaz	I am a being incapable
Dum cristão me socorrer!...	Of a Christian helping me!...
Uma lágrima em Marina	A tear in Marina's eyes
Ela não pôde conter	She could not stop from shedding
Alonso viu-a chorar	Alonso saw her crying
Foi obrigado a romper.	He was obliged to utter.

40

--Seu genro, barão, sou eu	--Your son-in-law, Baron, I am
Por mim está perdoado	You are forgiven by me
Já me esqueci disso tudo	I already have forgotten the past
Pode ficar descansado	You can be at rest
Não é mais que isto o mundo	The world is no more than this
O barão estava enganado.	The Baron was wrong.
--Bote a benção na sua filha	--Bless your daughter
Fiquemos em união	We will all be united
Deus dá a sorte ao homem	God provides forgiveness to men
Para ver seu coração	To see his heart
Faz o grande se humilhar	He makes the arrogant humble

Ergue o morto e dá-lhe ação.	He raises the dead and gives him life.
O barão ficou com êles	The Baron remained with them
Sendo de Alonso estimado	Being esteemed by Alonso
Porém um sobrinho dêle	However a nephew of his
Que ainda tinha ficado	Who was still lurking around
Por quem ao cabo de anos	At the end of many years
Foi Alonso assassinado.	Was killed by Alonso.
Levemos isto a um análise	Let's analyze this
Então vê-se aonde vai	So, one sees how all ends
A soberba é batida	Arrogance is overcome
No abismo tudo cai	And all falls into the abyss
Deus é grande e tem poder	God is great and is all powerful
Reduz ao pó qualquer ser	He reduces to dust any being
O poder dêle é de pai.	His power is that of the father.
FIM	THE END[33]
Juazeiro, 11-7-64	

---

[33]   One reason I admire this "romance" so much is that it depicts the strong woman as a co – hero. I am sure Marina was the model for hundreds of stories to come. Including Maria Bonita!

III.

O BOI MISTERIOSO

THE MYSTERIOUS BULL
Leandro Gomes de Barros

To reiterate: the "romances" of "literatura popular em verso" come from its very beginnings from the prose stories transposed and recreated in verse in the beginnings of the folk – popular poetry early in the 20th century. Leandro was one of such poets who wrote such long narrative poems as these, this even though he is most spoken of for the shorter broadsides of satirical verse.[34] We can say as a long-time student of the matter (since 1966), that Leandro actually excelled in all the then known possibilities of "literatura popular em verso;" the term "literatura de cordel" was not used then. These story – poems run the gamut of themes from Portugal - love, romance, princes and princesses, religion, and the chivalresque from the stories of Charlemagne and his twelve knights. Leandro's "A Força de Amor" (just seen) or "A Batalha de Oliveiros com Ferrabrás" or "A Donzela Teodora" or "O Cachorro dos Mortos" are as good as any others of the tradition, but now for this anthology we make the difficult choice of a "home grown 'romance'" for several reasons.

Leandro's mini-masterpiece "O Boi Misterioso" is the case in point. We summarized the same story – poem in "Retrato do Brasil em Cordel" (Ateliê São Paulo, 2011) because of its importance and its poetic beauty, so now we undertake the lengthy endeavor of the complete translation to English. The primary reason is it is among the best if not the best example of Leandro's talent in taking the tradition of the stories in prose from Portugal and using that format to tell a "home – grown" story essential to the entire culture of the Northeast and its iconic themes - the saga of the "vaqueiros" [cowboys] and their lives dedicated to the work and adventures dealing with cattle ranches and the biggest challenge – the wild bulls that had to be rounded up. Along with the cultivation of sugar cane as a cash crop and the mini – farms supplying most of the vegetables for the northeastern diet, the "fazendas de gado" [cattle ranches] supplied the protein in the form of meat. Hundreds if not thousands of pages of text have been written of this endeavor over the centuries. The story – poems of Leandro and others make it legend.

I hesitate to say, but I will. There is a very personal reason for this choice, but the decision did not hinge totally upon it. I was born and raised in Abilene, Kansas, famous in United States and western history as perhaps the first and major cow town in my country. The cattle drives on the Chisholm trail from Texas to the railhead in Abilene are a big part of the reason for the founding and early history of Abilene and I daresay the beginnings of the legends and stories of the western cowboy. On a more personal note, the modern "rodeo" held in Abilene each August before school would start featuring calf roping, bull dogging, bronc riding and the more dangerous, brahma bull riding. It all was an essential part of growing up when I and my teenage buddies would earn passes to go to the rodeo for driving tractors in the rodeo parade or for leading steers or heifers in the livestock parade before the rodeo started. If we ran out of "comp" tickets, we would even sneak into the rodeo through a hole in the wooden outfield fence of the ball park

---

[34]   See our recent book on him, already cited.

MARK J. CURRAN   76

converted to rodeo grounds for that one week. We "kept score" of all the events and knew the names of the famous bulls.

And a related matter: I think it would be a rare youngster of my generation who did not grow up watching Roy Rogers, Gene Autry, Hopalong Cassidy and a myriad of B – western cowboys each Saturday afternoon in the local movie theater. The same youngsters probably wished for the toy gun and holster and cowboy hat as Christmas gifts. In addition to besting "varmints" and "sidewinders" in the gun duels (see "High Noon"), the matinee movie actors were essentially cowboys.

The protagonists of the "Boi Misterioso" are the Brazilian equivalents of those cinematic heroes. The stories of the backlands, the droughts, and of course the cowboys and valiant back landers were among my reasons for loving the "cordel," that plus the fact in those days I was close to my roots as a Roman Catholic, the same religion so essential to the "cordel."

I hesitate to add but can't help a personal note. Currently I'm reading "All About Me," another great autobiography by Mel Brooks, and he tells as a young boy of Jewish ethnicity in the Bronx in the late 1920s and early 1930s of what seems an identical experience of that of the Kansas farm boy in Abilene in the 1940s and 1950s: ogling the Roy Rogers' gun and holster in a local store. (It was Duckwalls in Abilene).

"HISTÓRIA DO BOI MISTERIOSO"
"Story of the Mysterious Bull" [35]

1

Leitor, vou narrar um fato	Reader, I'm going to tell a story
Dum boi da antiguidade	Of a bull from antiquity
Como não se viu mais outro	One like it was never seen
Até a atualidade	Until up to the present time
Aparecendo um desses hoje	One like that one seen today
Era grande novidade.	Would be indeed very big news.
Durou vinte e quatro anos	The time lapse was 24 years
Nunca ninguém o pegou	No one ever caught the bull
Vaqueiro que tinha fama	Cowboys famous in the region
Foi atrás ele, chocou	Went after him, and clashed
Cavalo bom e bonito	Good and beautiful horses
Foi lá, porém estacou.	Were in the search, yet all failed.
Diz a história: êle indo	The story says: the bull running
Em desmedida carreira	At unfathomable speed
Caso engalhasse um chifre	In case he would tangle a horn
Num galho de catingueira	On a branch of the underbrush
Conforme fôsse a vergônha	So much would be the shame
Arrancava-se a touceira.	He tore through the dense foliage.

2

Êle nunca achou riacho	He never encountered a stream
Que dum pulo não saltasse	He could not cross in one leap
E nunca formou carreira	And there was never a race
Que com 3 léguas cansasse	Even of 3 leagues that would tire him

---

[35] Author's note: Our translation is from the complete text from the edition of the "Tipografía São Francisco," Juazeiro do Norte, Ceará, with the acrostic "LEANDRO." There is no date on the story – poem but at the top of the cover is "Editor prop: José Bernardo da Silva" and the text matches closely that done by the research team at the Fundação Casa de Rui Barbosa of Rio de Janeiro in its first "Antologia de Literatura Popular em Verso," circa 1964. Obviously, this is a reprinting of one of the "romances" of Leandro Gomes de Barros purchased initially by João Martins de Atayde in 1921 and then repurchased by José Bernardo da Silva in Juazeiro in the late 1950s. The text of "O Boi Misterioso" follows.

Como nunca achou vaqueiro	And never was there a cowboy
Que em sua cauda pegasse.	That succeeded in grabbing his tail.[36]
Muitos cavalos de estima	Many greatly renowned horses
Atrás dêles se acabaram	Collapsed chasing him
Vaqueiros em todos campos	Cowboys from far and wide
Até medalhas ganharam	Those who had won medals
Muitos venderam os cavalos	Failing, they sold their horses
E nunca mais campearam.	And never again rode the range.
É preciso descrever	It is necessary to describe
Como foi seu Nascimento	Details of his birth
Que é para o leitor poder	So the reader can have
Ter melhor conhecimento	A better understanding
Conto o que contou-me 1 velho	I'm telling what an old man told me
Cousa alguma eu acrescento.	Not adding one iota.
--Já completaram 30 anos	--Thirty years had passed
Eu estava na flor da idade	I was in the flower of youth
Uma noite conversando	One night conversing
Com 1 velho da antigüidade	With an old man from the old days
Em conversa êle contou-me	In the conversation he told me
O que viu na mocidade.	What he saw in his youth.
Foi em mil e oitocentos	It was in 1800
E vinte e cinco, êste caso	and 25, this event
Uma época em que o povo	A time when people
Só conhecia o atraso	Only knew backwardness
Quando a ciência existia	When Science existed
Porém trancada num vaso. 2	But locked in a glass bottle.

3
No sertão de Quixelou	In the backlands of Quixelou

---

[36] Footnote: The cowboys in Northeastern Brazil do not use a lasso like North American cowboys to down a steer or bull. Instead, they ride behind the bull, grab the tail and hopefully "throw" the bull to the ground. Effective but less higenic.

Na fazenda Santa Rosa	On the Santa Rosa Ranch
No ano de vinte e cinco	In the year of '25
Houve uma sêca horrorosa	There was a horrendous drought
Ali havia uma vaca	There was a cow there
Chamada Misteriosa.	Called Mysteriosa.
Isso de misteriosa	The mysteriosa moniker
Ficou o povo a chamar	Was what the locals named it
Porque um vaqueiro disse	Because a cowboy said
Indo uma noite emboscar	Out one night to ambush
Uma onça na carniça	A cougar in the flesh
Viu isso que vou narrar.	He saw what I'm going to tell.
Era meia-noite em ponto	It was exactly midnight
O campo estava esquisito	The countryside seemed strange
Havia até diferença	There was even a difference
Nos astros do infinito	In the stars in the firmament
Nem do nambu nessa hora	Not even from the nambú that night
Se ouvia o saudoso apito.	Could you hear its mournful whistle.
Dizia o vaqueiro: eu estava	The cowboy said: I was
Em cima dum arvoredo	In front of a grove of trees
Quando chegou essa vaca	When that cow came
Que me causou até mêdo	And scared the hell out of me
Depois chegaram dois vultos	Later two dark figures arrived
E ali houve um segrêdo.	Something secretive was going on.
O vaqueiro viu que os vultos	The cowboy saw that the figures
Eram de duas mulheres	Were of two women
Uma delas disse a vaca:	One of them said to the cow:
Parta por onde quiseres	Go wherever you wish
Eu protegerei a ti	I shall protect you
E os filhos que tiveres.	And the offspring you produce.

4

Aí um vaqueiro viu	Then the cowboy saw
Um touro ali chegar	A bull coming upon the scene

Então disseram os vultos:	Then the figures said:
É hora de regressar	It is time to return
Disse o touro: montem em mim	Said the bull: mount up on me
Que o galo já vai cantar.	The cock is about to crow.
Aí clareou a noite	The night turned to dawn
O vaqueiro pôde ver	The cowboy then could see
Eram duas moças lindas	There were two beautiful young girls
Que mais não podia haver	Nothing more could be seen
O touro era duma espécie	The bull was of a type
Que êle não soube dizer.	That he had never seen.
Êle viu elas montaram-se	He saw them mount on the bull's back
Viu quando o touro saiu	He saw when the bull left
A vaca se ajoelhou	The cow knelt down
E atrás dêles seguiu	And followed them
Depois veio a onça e êle	Then a cougar followed and he
Atirou-lhe, ela caiu.	Shot it once and it fell.
Por isso teve a vaca	So that is why the cow
Daí em diante êsse nome	From then on had that name
Uns chamavam feiticeira	Some called her a witch
Outros, vaca - lubisomem	Others, a cow - werewolf
Diziam qu'ela era a alma	They said she was the soul
Dum boi que morreu de fome.	Of a bull that died of hunger.
O coronel Sezinando	Colonel Sezinando
Fazendeiro dono dela	The rancher who owned her
Se informando da história	When informed of this story
Não quis que pegasse ela	Said no one should try to catch her
Disse que o morador dêle	And he told his tenant farmer
Não tirasse leite nela.	No one should try to milk her.

5

No ano de vinte e quatro	In the year of '24
Pouca chuva apareceu	Little rain came
Em todo sertão do norte	In all the northern backlands

A lavoura se perdeu
Até o próprio capim
Faltou chuva e não cresceu.

All the crops failed
Even the range grass itself
Lacking rain, it never came up.

Então entrou vinte e cinco
O mesmo verão trincado
Morreu muita vaca de fome
Quase não escapou gado
Escapou alguma rês
Lá num ou outro cercado.

Then '25 came in
With the same summer ensconced
Many cows died of hunger
Almost no cattle escaped
Except an occasional animal
From one or another corral.

A vaca misteriosa
Não houve mais quem a visse
O dono não se importava
Qu'ela também se sumisse
Podia até pegar fogo
Que na fumaça subisse.

The mysterious cow
No one else had ever seen her
The owner really did not care
If she also would just disappear
She could catch fire for all he cared
And disappear climbing in the smoke.

A vinte e quatro de agôsto
Data essa receosa
Que é quando o diabo pode
Soltar-se e dar uma prosa
Pois foi nesse dia o parto
Da vaca misteriosa.

On the 24th of August[37]
That date full of fear
The day when the devil can appear
Show up and even have a conversation
That was the day she gave birth
I mean, the mysterious cow.

Dela nasceu um bezerro
Um pouco grande e nutrido
Preto da côr de carvão
O pêlo muito luzido
Representando já ter
Um mês ou dois de nascido.

From her was born a calf
On the large side and well - nourished
Black the color of coal
With a very shiny hide
Looking like
One or two months already born.

6
Um vaqueiro da fazenda
Assistiu ele nascer
Foi à noite à casa grande

A cowboy on the ranch
Was present at the birth
That night he went to the ranch house

---

[37] Day of the devil in the backlands.

Ao coronel lhe dizer	To inform the Colonel
O coronel disse: então	The colonel said: well,
Se nasceu, deixe crescer.	If it was born, let it grow.

Em março de 25	On March 25th
O inverno estava pegado	Winter was setting in[38]
O coronel Sezinando	Colonel Sezinando
Mandou juntar todo gado	Ordered the roundup to begin
Que ele queria saber	He wanted to know
Quantas reses tinham escapado.	How many head had escaped.

Então a misteriosa	Then Mysteriosa
Pôde vir junto com o gado	Came in with the cattle
Trazia o dito bezerro	By her side the young calf
Grande e muito bem criado	Already large and well - nourished
O que era de vaqueiro	All the cowboys
Vinha tudo admirado.	Were astounded to see it.

Um índio velho vaqueiro	An old Indian cowboy
Da fazenda do Destêrro	From Desterro Ranch
Disse ao coronel: me falta	Said to the Colonel: May I lack
A terra do meu entêrro	The soil on my grave
Quando aquela vaca velha	If that old cow
Fôr mãe daquele bezerro.	Is the mother of that calf!

Alli mesmo o coronel	That was during the time the Colonel
Tomando nota do gado	Took note of and counted all the cattle
Tirou as vacas paridas	He separated the nursing cows
Das que tinham escapado	Among all those that had escaped
Só não a misteriosa	Only the mysterious cow
Devido ficar cismado.	Still brought questions.

7

Com ano e meio êle tinha	A year and a half old
Mais de 6 palmos de altura	The bull now measured six palms in height
Uns chifres grandes e finos	Large and fine horns

---

38   Winter in the Northeastern backlands means the rainy season.

Com um palmo de grossura	One palm thick
O casco dêle fazia	His hooves ground
Barroca na terra dura	The hard earth to gravel.

Sumiu-se o dito bezerro	The bull – calf then disappeared
E a vaca misteriosa	As well as the mysterious cow
Depois de 5 ou 6 anos	After five or six years
Na fazenda Venturosa	On the Venturosa Ranch
Viram êle com a marca	The bull showed up with the brand
Da fazenda Santa Rosa.	Of the Santa Rosa Ranch.

O vaqueiro conheceu	The cowboy realized
O boi ser de seu patrão	The bull belonged to his patrón
Viu que devia pegá-lo	And that he should round it up
Qu'era sua obrigação	That was his obligation.
Ajuntou ambas as rédeas	He grabbed the reins tightly
Esporeou o alazão.	And spurred his sorrel pony.

Partiu em cima do boi	He took off after the bull
Andou perto de pegá-lo	Got nearly close enough to catch it
Com dezoito ou vinte passos	Just 18 or 20 more steps
Talvez pudesse alcançá-lo	Then he might be able to reach it
Era sem limite o gôsto	There was no limit to his excitement
Que tinha de derribá-lo.	That he had in throwing it.[39]

Mas o boi se fêz no casco	But the bull scattered gravel
E no campo se estendeu	And through the countryside flew
Gritou-lhe o vaqueiro: boi	The cowboy shouted to him: Bull
Tú não sabes quem sou eu	You don't know who I am
Boi que lhe boto o cavalo	Any bull I "sic" my horse on
É carne que apodreceu.	Is as good as dead meat.

8

| Com menos de meia légua | With less than half a league |
| Estava o vaqueiro perdido | The cowboy saw he had lost |

---

[39]   Once again, the northeastern cowboy grabs the bull's tail and throws it down, rather than lassoing like in Mexico or the United States.

Não soube em que instante	He couldn't figure out what moment
O tal boi tinha sumido	The bull in question had disappeared
Estava o cavalo suado	His horse was wet with sweat and winded
E já muito esbaforido.	Already breathing hard.
Voltou então o vaqueiro	So the cowboy returned
Sem saber o que fizesse	Not knowing what to do
Pensando em chegar em casa	He thinking on the way home
Então que história dissesse	What story he could dream up
Se pegando com os santos	Counting on his saints
Que o coronel não soubesse.	That the Colonel would not know.
Contou aos outros vaqueiros	He told the other cowboys
O que se tinha passado	What had happened
Dizendo que aquêle boi	Saying that that bull
Só sendo um bicho encantado	It had to be enchanted
Se havia mágica em boi	If there is any magic in bulls
Aquêle era batizado.	That one was baptized with it.
No outro dia saíram	On another day there set out
Seis vaqueiros destemidos	Six fearless cowboys
Em seis cavalos soberbos	On six superb horses
Dos melhores conhecidos	The best known in those parts
Pois só de cinco fazendas	There were only five ranches
Puderam ser escolhidos.	That had such ones to choose from.
Foi Noberto da Palmeira	They were Norberto from Palmeira
Ismael, do Riachão	Ismael from Riachão
Calixto, do Pé da Serra	Calixto, from Pé da Serra
Félix, da Demarcação	Félix, from Demarcação
Benvenuto, do Destêrro	Benvenuto, from Destêrro
Zé Preto, do Boqueirão.	Zé Preto, from Boqueirão.[40]

9

Tinha já ido dizer	The word was going around
Na fazenda Santa Rosa	On the Santa Rosa Ranch

---

[40] The epic listing of heroes, in this case the cowboys.

Que o vaqueiro Apolinário	That the cowboy Apolinário
Da fazenda Venturosa	From the Venturosa Ranch
Tinha encontrado com o boi	Had encountered the bull
Da vaca misteriosa.	Progeny of the mysterious cow.
O coronel duvidou	The Colonel doubted it
Quando contaram-lhe o fato	When they told him the story
Disse a pessoa: os vaqueiros	He said to them: the cowboys
Já seguiram para o mato;	Had already left for the underbrush
O coronel foi atrás	The Colonel followed behind them
Saber se aquilo era exato.	Wanting to know if it was true.
Disse então Apolinário	Apolinário then said
Que andava campeando	That he had been riding the range
Viu um boi preto muito grande	He saw a very large black bull
E dêle se aproximando	And drawing closer to him
Viu do lado esquerdo o ferro	He saw on the left side the brand
Do coronel Sezinando.	Of Colonel Sezinando.
... Pois bem, disse o coronel	... All right, said the Colonel
Êsse garrote encantado	That enchanted bull
Quando desapareceu	When he disappeared
Inda não estava ferrado	He was not yet branded
Foi-se orelhudo de tudo	He left, his ears untouched
Nem sequer está assinado. ...	And he was not even registered. ...
Pois tem na orelha esquerda	Well, this one has on his left ear
Três mesas e um canzil	Three figures of a table and one mark
Tem na orelha direita	And on his right ear
Brinco lascado a funil	A silver ring screwed into a funnel
O ferro de Santa Rosa	The brand of Santa Rosa
Está nêle a marca buril.	Is marked on him.

10

Foram aonde Apolinário	They went to where Apolinário
A tarde tinham encontrado	Had found him that afternoon
Pouco adiante êle estava	He was just a little beyond them

Numa malhada deitado	Lying down in a draw
Levantou-se lentamente	He got up slowly
Como quem estava enfadado.	Like someone who was annoyed.
Aí tratou em partir	Then he jumped up to leave
Em desmedida carreira	In an inordinate race
O coronal Sezinando	Colonel Sezinando
Disse ao vaqueiro Moreira:	Said to Moreira the cowboy:
Aquêle não há quem pegue	No one's going to catch him
Voltemos, pois é asneira.	Let's go home; this is asinine.
Disse o vaqueiro Noberto:	Noberto the cowboy said:
Eu não o posso pegar	I don't think I can catch it
Porém só me desengano	And to boot, unless I'm mistaken
Quando o cavalo cansar	When my own horse tires
Nunca vi boi na igreja	I've never seen a bull in church
Para padre batizar.	Waiting for the priest to baptize him.
Noberto tinha um cavalo	Norbero had a horse[41]
Chamado Rosa-do-Campo	Called "Rosa do Campo"
Calixto do Pé da Serra	Calixto from Pé da Serra
Um chamado pirilampo	Had one called "Firefly"
O de Apolinário, Nice	Apolinário's horse "Nice"
Era da raça do campo.	Was from a herd of wild horses.
O do vaqueiro Ismael	The cowboy Ismael's horse
Chamava-se perciano	Was called "Persian"
O do índio Benvenuto	Indian Benevuto's
Chamava-se Soberano	Was called "Sovereign"
Félix tinha um poldro preto	Félix had a black colt
Chamava-se riso-do-ano.	Called "Riso – do – Ano."

11

O do vaqueiro Zé Preto	Zé Preto's horse

---

[41] In the following verses, like the cowboys, likewise their famous horses are named. Directly from the epic tradition, from the "Iliad" and "Odyssey" and the "Os Doze Pares da França" "El Cid," "Os Lusíadas" as well as "Grande Sertão: Veredas."

Tinha o nome de caxito	Had the name of "Caxito"[42]
Entre todos os cavalos	Among all the horses
Era aquêle o mais bonito	His was the most handsome
Era filho de um cavalo	He was a son of a horse
Que trouxeram do Egito.	That they brought from Egypt.[43]
Era meia-dia em ponto	It was exactly noon
Quando formaram carreira	When it all became a race
O boi fazia na frente	The bull was out in front
Uma nuvem de poeira	In a cloud of dust
Nos riachos êle pulava	He jumped over streams
De uma a outra barreira.	From one bank to the other
Zé Preto do Boqueirão	Zé Preto from Boqueirão Ranch
Foi quem mais se aproximou	Was the one who got the closest
Quase que lhe pega a cauda	He almost was able to grab its tail
Porém não o derrubou	Yet not enough to drag it down
Ficou tão contrariado	He was so disgusted
Que depois disso, chorou.	That after that, he began to cry.
Dizia que nunca viu	He said that he had never seen
Boi de tanta ligeireza	A bull that could be that fast
Como no cavalo dêle	Just as with his own horse
Nunca viu tanta destreza	He had never seen such dexterity
E disse que um boi daquêle	And he said that a bull like that one
Para o sertão é grandeza.	Is the greatest in all the backlands.
Perguntou o coronel	The Colonel then asked
O boi será encantado?	Is this bull enchanted?
... Não senhor; disse Zé Preto	... No sir, said Zé Preto
Isto de encanto é ditado	The business of magic is folklore
É boi como outro qualquer	This bull is like any other one

---

[42]   Translation can be tricky: this one literally is "Laugh of the Year." The reader can decide. It is meant to be clever for sure, perhaps "cachito" or "little bite" or something so regional it is not in a dictionary.

[43]   "Egypt" seemed to be a magic word in the old "cordel," that is where the "Magic Peacock" was made.

Só tem que foi bem criado.	It's just that it was raised so well.

12

Eram seis horas da tarde	It was six o'clock in the afternoon
Já estava tudo suado	All the horses were sweaty
Não havia um dos cavalos	There was not one of the horses
Que não estivesse molhado	That was not soaked with sweat
Porém mais de 5 léguas	Yet it was more than 5 leagues
Dum fôlego tinha tirado.	The last time they had a break.

O coronel Sezinando	Colonel Sezinando
Disse: vamos descansar	Let's rest now because
Vaqueiro dagora em diante	From now on every cowboy
Tem muito em que se ocupar	Will be plenty busy
Eu só dencanso a meu gôsto	It will only be my pleasure to rest
Quando êsse boi se pegar.	When that bull is caught.

Disse o índio Benvenuto:	The Indian Benvenuto said:
Coronel, se desengane	Colonel: don't fool yourself
Êsse boi não é pegado	That bull will never be caught
Nem que o diabo se dane	Not by the Devil himself
Cavalo não chega a êle	A horse will never draw near
Inda que por mais se engane. ...	It does not matter how you think.

--Tenho sessenta e dois anos	I'm sixty-two years old
Em cálculo não tenho êrro	Never made mistakes in ciphering
E disse que me faltasse	I said that there would not be
Terra para o meu entêrro	Any place for my burial
Quando aquela vaca fôsse	If that old cow were to be
A mãe daquele bezerro.	The mother of that young bull.

Disse o coronel: você	You are nothing but
É um caboclo cismado	A brooding mixed blood
Não deixa de acreditar	You have not stopped believing
Nisso de boi batizado	That the bull is baptized
E mesmo aquêle que não é	And even if he is not

O bezerro encantado.   He's still enchanted.

13

--- Não é? Ora não é!	... Enchanted, huh? No way!
Veremos se é êle ou não	We'll see if he is or not
Vossa senhoria ajunte	Your Lordship should call together
Os vaqueiros do sertão	All the cowboys of the backlands
Do Rio Prata ao Pará	From Rio da Prata to the Rio Pará
Depois me diga então.	Then maybe you can talk.

Disse o coronel: caboclo	The Colonel said: Mixed Blood
Zé Preto não pegou êle?	Didn't Zé Preto catch up to him?
--- Ora ... pegou, coronel	Well ... he may have seen him, Colonel
Mas não sabe o que há nêle	But he has no idea what he is
Dou a vida se tiver um	I'll bet my life if anybody
Que traga um cabêlo dêle.	Can touch a hair on his body

--- Eu digo de consciência	... I'm saying in all truth
Senhor coronel Sezinando	Senhor Colonel Sezinando
O boi é misterioso	The bull is enchanted
Para que está lhe enganando?	Why are you still denying it?
O boi é filho dum gênio	The bull is the son of a genie
Uma fada está criando.	A magic fairy is raising him.

--- A mãe dágua do Egito	... The mermaid of the waters of Egypt
Foi quem lhe deu de mamar	Was who actually nursed him.
A fada da Borborema	The Magic Fairy of the Borboremas
Tomou-o para criar	Took him to be raised
Na Serra do Araripe	In the Araripe Mountain Range
Foi êle se batizar.	He took him to be baptized.

O coronel Sezinando	Colonel Sezinando
Disse: eu não acredito	Said: I don't believe
Na fada da Borborema	In the Magic Fairy of the Borborema
E na mãe dágua do Egito	Nor the Mermaid of Egypt
Gênio e fada para mim	Genies and Fairies for me
É um dito esquisito.	Are just that: fairy tales.

14

Quarenta e cinco vaqueiros	Forty – five cowboys now
Sairam para pegá-lo	Set out to catch him
Dizia o índiio: só hoje	The Indian said: only today
Vocês podiam encontrá-lo	Are you able to find him
No dia de sexta-feira	By the day of Friday
Duvido de quem achá-lo.	I doubt you will ever find him.
E de fato, nesse dia	And to be sure, that day
Nem o rastro dêle viram	Not even his tracks were seen
Voltaram para a fazenda	They returned to the ranch
No outro dia partiram	And set out the next day
Às nove horas do dia	At nine o'clock in the morning
No rastro dêle seguiram.	They were following his trail.
Na garganta duma serra	In the throat of a canyon
Acharam êle deitado	They found him lying down
Na sombra de uma aroeira	In the shadow of an "Aroeira" tree
Estava ali descuidado	He was there unconcerned
Pulou instantâneamente	He jumped up in an instant
Na rapidez dum veado.	With the quickness of a deer.
O boi entrou na caatinga	The bull entered the cactus cover
Que não procurava jeito	It had no effect on him
Mororó, jurema branca	Mororó, Jurema Branca[44]
Êle levava de eito	He "cropped" all the way
Rolava pedra nos cascos	Rocks rolled under his hooves
Leva angico no peito.	Angico tree branches across his chest.
Disse Fernando de Lima	Fernando de Lima said
Um dos vaqueiros paulistas:	One of the "Paulista" cowboys
Em todos êstes cavalos	Of all these horses
Não há um mais que resista	There's not one that can take anymore
Dormiremos aqui; não convém	Let's sleep here; we cannot
Ninguém perdê-lo de vista.	Anyone, lose him from sight.

---

[44] Plants of the Northeastern backlands."Mororó" is like a thick bush; "jurema branca" a plant
used by indigenous for tea or perhaps a halluciangenic.

15

Dormiram todos ali	They all slept there
Naquele campo tão vasto	In that wide open range
Pearam a cavalgadura	They all mounted up
Deixaram ganhar o pasto	All headed for the pasture land
Às seis horas de manhã	At six o'clock in the morning
Seguiram logo no rasto.	They began to follow the trail.
O cavalo soberano	"Sovereign" the horse
Ao ver o rasto do boi	Coming upon the trail of the bull
Gemeu e pulou pra traz	Whinnied and leapt backward
E o índio gritou: oi! ...	And the Indian shouted: what the hell!
Deixou os outros vaqueiros	He left all the other cowboys behind
Correu para traz, se foi.	He left running in the other direction.
Disse o índio Benvenuto:	The Indian Benvenuto said:
Eu não posso campear	I can't ride anymore
O cavalo está doente	My horse is sick
É preciso descansar	We have to rest
Faz muitos dias que corre	It's been running for many days
E eu preciso voltar.	And I've got to go back.
Então disse o coronel:	Then the Colonel said:
Existe aqui um mistério	There's something funny going on here
Antes de haver êsse boi	Before all this business with the bull
Você não era tão sério?	You weren't so serious, were you?
Você faz do boi uma alma	You make a ghost of the bull
E do campo cemitério!	And a cemetery of the range!
Benvenuto respondeu:	Benvenuto responded:
Dê licença, vou embora	Please grant your permission, I am leaving
Querendo me dispensar	And with your blessing
Pode me dizer agora	You can give it to me now
Vá quem quiser, eu não vou	Go ahead if you want, I'm not going
Não posso mais ter demora.	And I can wait no longer.

16

Andaram duzentos metros	The rest continued two hundred meters
Logo adiante foram vendo	Then out in front they were looking
Um vaqueiro disse: olhem	A cowboy said: look over there
O boi ali se lambendo!	The bull is licking himself
Também não teve 1 vaqueiro	There was not one cowboy
Que não partisse correndo.	That did not take off running.
O capim tinha uma régua	The area was all grassland
Sem ter nêle um pé de mato	With not bit of overgrowth
O boi corria tanto	The bull ran so fast
Que só veado ou um gato	Like only a deer or a cat
Então fazia uma sombra	But then left a shadow
Pouco maior que a dum rato.	Just larger than a rat.
Disse o Lopes do Exu:	Lopes from Exú Ranch said:
Juro à fé de cavaleiro	I swear on my status as a cowboy
Não sairei mais de casa	Ner' more will I leave my home
A chamado de fazendeiro	At the beckoned call of a rancher
Vendo o cavalo e a sela	I'm going to sell my horse and saddle
E deixo de ser vaqueiro.	And no more be a cowboy.
Às cinco horas da tarde	At five o'clock in the afternoon
Se resolveram a voltar	They all decided to return
Então os cavalos todos	Because all the horses
Não podiam mais andar	Could not take any more running
Os vaqueiros não podiam	And the cowboys could not
Tanta fome suportar.	Handle any more hunger.
Voltaram para a fazenda	They all returned to the ranch
E tornaram a contratar	And settled on a new contract
A 21 de novembro	On the 21st of November
Cada um ali chegar	Each one was supposed to return
O coronel Sezinando	Colonel Sezinando
Mandaria os avisar.	Would let them all know.

17

O coronel Sezinando	Colonel Sezinando
Homem muito caprichoso	Was a very capricious man
Tirou 3 contos de reis	He pulled out three "contos de reis"[45]
Disse: para o Venturoso	And said to the cowboy Venturoso
Que venha a esta fazenda	Come back to this ranch
E pegue o misterioso.	And catch the mysterious bull.
A 21 de novembro	On the 21st of November
Venceu o prazo afinal	The contract date came due
A fazenda Santa Rosa	The Santa Rosa Ranch
Estava como um arrayal	Was like a village
Ou um povoação	Or a small town
Numa noite de Natal.	On Christmas Eve.
Já um criado chamava	One of the servants called
O povo para o almoço	Everyone for the big dinner
Quando viram longe 1 vulto	When they all saw in the distance a figure
Divulgaram ser um moço	They discovered it was a young man
Então vinha num cavalo	Who came on a horse
Que parecia um colosso.	That seemed a colossus.
Era um cavalo caxito	It was like a race horse
Tinha uma estrêla na testa	It had a star on its forehead
Vaquejada que êle ia	Any roundup that had it
Ali tornava-se em festa	Would turn into a party
Ganhou numa apartação	It had won in one roundup
Nome de rei da floresta.	The moniker "King of the Forest."
Chegou então o vaqueiro	So then the cowboy arrived
Saudou a todos dali	And greeted everyone there
Perguntou: qual dos senhores	He asked: Which one of you gentlemen
É o coronel aqui?	Is the Colonel in these parts?
Apontaram o coronel	They all pointed at the Coronel
Disseram: é aquêle ali.	Saying, "That's him, over there."

---

[45]   A huge amount of money for the time, about three thousand dollars. It would amount to a small fortune for a cowboy. Monetary value of the 19th century.

18

O coronel perguntou-lhe:	The Colonel asked him:
De que parte, cavaleiro?	Where are you from, sir?
--- Eu sou de Minas Gerais	... I'm from Minas Gerais
Disse o rapaz --- Sou vaqueiro	Said the boy ... I'm a cowboy
Vim porque soube que aqui	I came because I learned that you have
Existe um boi mandingueiro.	A magic bull that lives here.
Disse o coronel: existe	The Colonel said: Yes indeed it does
Êsse boi misterioso	This mysterious bull
Tem-se corrido atrás dêle	We've all been chasing after him
Êle sai vitorioso	And he is always victorious
Já tem saído daqui	I've even had leaving from here
Vaqueiro até desgostoso.	Cowboys who were downright disgusted.
--- Queria ver êsse boi	... I would like to take a look at that bull
Disse sorrindo o vaqueiro	The cowboy said smiling
Tenho vinte e quatro anos	I'm twenty-four years old
Nunca vi boi feiticeiro;	And I've never seen an enchanted bull
Disse o coronel: pegando	The Colonel said: If you catch it
Ganha avultado dinheiro.	You'll earn a pile of money.
--- Quem pegá-lo em pleno campo	... Whoever catches him in open range
(Disse aí o coronel)	(The Colonel added)
Ganhará pago por mim	Will earn paid by me
Um relógio e um anel	A watch and a ring
Tem mais 3 contos de réis	Plus 3 "contos de réis"
Em jóia, prata e papel.	In jewels silver and cash.
--- Salvo se alguém pegar	That is, unless someone catches him
Quando êle estiver doente	If he were sick
Ou lhe atirar de longo	Or shoots him from far away
Isso é cousa diferente	That is a different matter
Há de pegar pelo pé	You'll have to catch him by the leg
Éle bom perfeitamente.	He still in perfectly good shape.

19

Disse o moço: não aceito	The young man said: I will not accept
Objeto nem dinheiro	Any objects of value or any money
Eu só desejo ganhar	I only wish to earn
A vitória de um vaqueiro	The victory of a cowboy
Êste seu menor criado	This, your humble servant
Ê filho dum fazendeiro.	Is the son of a rancher.[46]

Descansaram o dia de sábado---	They all rested on Saturday
Domingo, segunda e têrça	Sunday, Monday and Tuesday
Disse o coronel: à tarde	The Colonel said: this afternoon
Quem fôr vaqueiro apareça	Whoever is a cowboy, show up
Sairemos quarta-feira	We are setting out Wednesday
Antes que o dia amanheça.	Just before it dawns.

Na quarta-feira seguiu	On that Wednesday that followed
Como tinha contratado	Just as had been agreed upon
O povo que o coronel	The people the Colonel
À tarde tinha avisado	Had informed that other afternoon
Eram dez horas do dia	It was 10 o'clock in the morning
Inda acharam o boi deitado.	When they found the bull still lying down.

Disse o vaqueiro de Minas:	The cowboy from Minas said:
Perdi de tudo a viagem	It looks like I wasted my trip
Eu pegando um boi daquêle	Trying to catch a bull like that one
Não digo por pabulagem	I'm not just saying it to be bragging
Para o cavalo que venho	For the horse that I'm riding
Inda dez não é vantagem.	Ten like that would be no problem.

--- Pensei que fôsse maior	--I thought it would be bigger
Segundo o que ouvi falar	From everything I had heard
Parece até um garrote	He looks like a young steer
Que criou-se sem mamar	Raised without being nursed
Um bicho manso daquêle	A tame animal like that
Faz pena até derrubar!	It's just a pity to bring it down.

---

[46] Once again, like the epic heroes of the days of yore, it's the glory that matters. Well, perhaps with the exception of El Cid who got rich. Ha ha.

20

Porém o cavalo aí	But then his horse
Viu o boi se levantar	Saw the bull slowly get up
Estremeceu e bufou	The horse trembled and breathed hard
Afastou-se e quis recuar	It shrunk back, wanting to flee
Que deu lugar ao vaqueiro	And it all made the cowboy
Daquilo desconfiar.	Begin to lose confidence.
Aí chegou-lhe as esporas	Then he dug in his spurs
E o cavalo partiu	And his horse leapt forward
Em menos de dez minutos	In less than ten minutes
O boi também se sumiu	The bull also was out of sight
Deu uns 3 ou 4 pulos	It jumped three or four times
Ali ninguém mais os viu.	That was the last they saw of it.
O boi entrou na caatinga	The bull entered into heavy cactus
E o vaqueiro também	And the cowboy as well
Por dentro do cipoal	Into the tangled mess of vines
Que não passava ninguém	No one could get through that
Tanto que o coronel disse:	So much so that the Colonel said:
Socorro ai ninguém têm!	There's no help for anyone there!
Eram seis horas da tarde	It was six o'clock in the afternoon
Estava o grupo reunido	When all the wranglers got back together
Sem saberem do vaqueiro	No one knowing anything of the cowboy
Que atrás do boi tinha ido	Who had chased after the bull
Via-se a batida apenas	They only saw beaten down grass
Por onde tinha seguido.	Where he had followed.
Um dizia: êle morreu	One said: he surely died
Outros, que tinha caído	Others, that he had just fallen
Outros dizia: o vaqueiro	And yet others said: the cowboy
Arrisca-se a ter fugido	Probably has already split the scene
Não pôde pegar o boi	He could not catch the bull
Voltou de lá escondido.	So he came back hiding in shame.

21

Acenderam o facho e foram	They lit a torch and followed
Por onde tinham entrado	Where he had entered the cactus
Acharam sempre o roteiro	They were able to find his trail
Por onde tinham passado	By where they had passed
O coronel Sezinando	Colonel Sezinando
Já ia desenganado.	Was pretty well perturbed.
Passava de meia-noite	When it was after midnight
Gritaram, êle respondeu	They shouted out, the cowboy answered
O coronal acalmou-se	The Colonel was able to calm down
E disse: êle não morreu;	And he said: he did not die
Porém o grito era longe	However the shout was far away
Que quase não se entendeu.	So far they could hardly make it out.
Três horas da madrugada	It was three o'clock in the morning
Foi que puderam o achar	When they finally found him
Mas o cavalo caído	His horse was fallen
Sem poder se levantar	Unable to get up
E êle contrariado	And he was so upset
Sem poder quase falar.	He could hardly talk.
O coronel perguntou-lhe	The Colonel asked him
O que tinha sucedido	What had happened
Respondeu que tal desgraça	He answered that such a fate
Nunca tinha acontecido	Had never befallen him
Dizendo: antes caísse	Saying: better for me to have fallen
E da queda ter morrido.	And to die from the fall.
--- O cavalo em que eu vim	The horse I was riding
Ninguém nunca o viu cansado	No one had ever seen tire
Correu um dia seis léguas	One day he ran for six leagues
Inda não chegou suado	Still never breaking a sweat
E da carreira de hoje	From the race of today
Ficou inutilizado.	He's now useless.

22

--- Não volto a Minas Gerais	--I can't go back to Minas Gerais
Porque chego com vergonha	Because I would arrive in shame
Os vaqueiros de lá esperam	The cowboys there are waiting
Uma notícia risonha	For happy news
Eu chegando lá com essa	Me arriving there in this shape
Dão-me uma vaia medonha.	I'll only get a huge razzing.
--- Menos de 50 passos	--I got within 50 steps
Inda me aproximei dêle	Getting very close to the bull
Ainda estirei a mão	I tried to stretch out my arm
Mas não pude tocar nêle	But I couldn't touch him
Apenas eu posso dizer	I can only say
Não sei que boi é aquêle.	I don't know what kind of a bull he is.
--- Nunca vi bicho correr	I never saw an animal run
Com tanta velocidade	At such a speed
Só lampejo de relâmpago	It was like a flash of lightning
Em noite de tempestade	On a stormy night
Nem peixe nágua se move	Not even a fish in water
Com tanta facilidade!	Moves with such ease!
--- Êle é um boi muito grande	He is a huge bull
Tem o corpo demasiado	With a huge body
Não sei como corre tanto	I can't see how he can run
Dentro do mato fechado	Through all the thick underbrush
Por isso é que muitos pensam	I guess that's why many think
Que é um boi encantado.	That he's an enchanted bull.
O coronel aí disse:	The Colonel then said:
Acho bom tudo voltar	I think it's a good thing to return home
Disse o vaqueiro de Minas:	The cowboy from Minas said:
Não preciso descansar	I don't need any more rest
Vejam se dão-me um cavalo	See if you can give me a horse
Que vou me desenganar.	Right now I'm disillusioned.

23

O coronel Sezinando	Colonel Sezinando
Chamou Mamede Veloso	Told Mamede Veloso to come talk to him
E lhe disse: Mamede vá	And he told him: Mamede go over
À fazenda de Mimoso	To the Mimoso Ranch
Diga ao vaqueiro que mande	Tell the cowboy over there to send
O cavalo perigoso.	The horse called Dangerous.
--- Diga que mate uma vaca	--Tell him to butcher a cow
Mande queijo e rapadura	And get together cheese and "rapadura"[47]
E vá esperar por nós	And to go wait for us
Na fazenda da Bravura	On the "Bravura" Ranch
Diga que somos sessenta	Tell him there are sixty of us
Leve Jantar com fartura.	And to have plenty of dinner for all.
O vaqueiro cumpriu tudo	The cowboy did everything
Que seu amo lhe ordenou	This his boss had ordered
Deu o cavalo a Mamede	He gave the horse to Mamede
Puxou a vaca e matou	Separated out the cow and killed it
Às onze horas do dia	At eleven o'clock in the morning
Então Mamede chegou.	That was when Mamede arrived.
Trouxe um cavalo cardão	He brought a sorrel horse
Com espécie de rudado	With dark brown spots
Disse o vaqueiro de Minas:	The cowboy from Minas said
Oh! Bicho de meu agrado!	Hot damn! This is the kind of horse I like
Lhe disseram o nome dêle;	They told him the horse's name
--- Foi muito bem empregado!	--It was well chosen.
O vaqueiro levantou-se	The cowboy got up
Com o guarda-peito no ombro	With his chest protector over his shoulder
Se aproximou do cavalo	He walked up to the horse
Passou-lhe a mão pelo lombro	Passed his hand over its flank

---

[47] "Rapadura" is hard sugar cane candy in the form of a block. Backlanders use it for a sweet or to sweeten their coffee. We saw stacks and piles of it in several markets in the interior of the Northeast in the 1960s, and also the not yet hardened sugar can be juice poured into molds to harden and make "rapadura."

O cavalo deu-lhe um sôpro
Que quase causa-lhe assombro.
24
Então o vaqueiro disse:
Eu vou experimentar
Se o cavalo perigoso
Presta para campear;
Disse então o coronel:
Cuidado quando montar.

--- Veja qu'êle já matou
Com queda 4 vaqueiros
Os que causaram mais pena
Foram dois piauizeiros;
Então respondeu o Sérgio:
Não eram bons cavaleiros.

The horse let out a snort
That almost caused him to start.

Then the cowboy said:
I'm going to find out
If the horse "Dangerous"
Is any good for riding the range
Then the Colonel said:
Be careful when you mount up.

--Remember that he already killed
Four other cowboys that he bucked off
The ones who made us most sorry
Were two cowboys from Piaui
Sérgio then answered:
They must not have been good cowboys.

A VAQUEJADA

101

Quando o vaqueiro montou

When the cowboy mounted up

O cavalo se encolheu

The horse flinched

Êle chegou-lhe as esporas

He then dug in his spurs

O sangue logo desceu

And the blood began to flow

Quase três metros de altura

Almost three meters

Êle da terra se ergueu.

The horse rose in the air.

Mas o vaqueiro era destro

But the cowboy knew his stuff

Ali não desaprumou

And he did not waver

Chegou-lhe ainda as esporas

He spurred the horse again

Êle de nôvo pulou

This time he bucked again

Êsse pulo foi tão grande

Bucking so high

Que tudo se admirou.

That everyone was amazed.

Fêz uma curva no corpo

His whole body was curved

Tirou pelos quartos a sela

He threw the saddle from his withers

O vaqueiro era um herói

The cowboy was heroic

25

Saltou aprumado nela

He leapt easily off the horse

Disse: hoje achei um têsto

Saying: today I found a test

Que é de uma minha panela.

Worthy of my abilities.[48]

Saltou, mas não afrouxando

He leapt off but not letting go

Ambas as rédeas no chão

Both of the reins on the ground

Sabia que se soltasse

He knew if he let loose of them

Ninguém podia pegá-lo

No one would ever catch the horse

Dizendo: o cavalo serve

Saying: this horse is the one

Vou logo experimentá-lo.

I'm going to try him again.

Selou de nôvo o cavalo

He saddled the horse once again

E tornou a se montar

And he climbed up once again

Tanto que o coronel disse:

At that point the Colonel said:

Êste sabe cavalgar;

This cowboy knows how to ride

O cavalo conheceu

The horse sensed it

---

[48]   Shades of the epic film western "Monty Walsh" with Lee Marvin and the unforgettable bucking bronco scene.

Ali não quis mais pular.	And this time did not want to buck.
Passava ao meio-dia	So it was past noon
Quando os vaqueiros saíram	When the cowboys set out again
Acharam o rastro do boi	They found the bull's tracks
Todos os vaqueiros seguiram	All the cowboys followed them
Adiante encontraram êle	They found him on up ahead
No limpo que todos viram.	They all saw him in a clearing.
Sérgio o vaqueiro de Minas	Sérgio the cowboy from Minas
Foi o primeiro que viu	Was the first to see him
Perguntou: será aquêle	He asked: can that be the same one
Que lá no mato saiu?	That ran into the underbrush a while ago?
Todos disseram: é aquêle!	They all said: He's the one!
Então o Sérgio partiu.	Then Sérgio took off after it.
26	
Deu de esporas no perigoso	He spurred Dangerous hard
E nada mais quis dizer	And offered to say no more
O boi olhou para o povo	The bull looked at them all
Também tratou de correr	And took off running
O mato abriu e fechou	The underbrush opened and closed
Ninguém mais os pôde vê.	No one could see it then.
Então quando o boi correu	So when the bull was running
Procurou logo a montanha	It was heading for the mountain
Todos disseram: hoje o boi	Everyone seeing that said: today the bull
Talvez não conte façanha	May not be able to brag
O cavalo perigoso	Dangerous the horse
Agora fica sem manha.	Now is putting up with no tricks.
Com meia légua se ouvia	Within a half league was heard
Galho de pau estalar	Tree branches breaking
A atropelada do boi	The trampling by the bull
Pedras nos montes rolar	Caused rocks to roll from the mountain
Se ouvia perfeitamente	And all heard clearly
O perigoso bufar.	The hard breathing of Dangerous.

Entraram o vaqueiro e o boi
No mato mais esquisito
De quando em vez o vaqueiro
Por sinal soltava um grito
Tanto que o coronel disse:
Já vi campear bonito!

O boi subiu a montanha
Sem escolher por onde ia
E o vaqueiro já perto

27
De vista não o perdia
O cavalo perigoso
Com mais desejo corria.

Descambaram a Serra Verde
O boi entrou num baixio
Depois subiu à campina
Entrou na ilha dum rio
Em lugar que outro vaqueiro
Em olhar sentia frio.

Porém o vaqueiro disse:
Aonde entrares eu entro
Se tu entrares ao mar
Viro-me peixe, vou dentro
Alguém que fôr procurar-me
Acha-me morto no centro.

O boi com facilidade
O trancadilho rompeu
Quase no centro do vão
O vaqueiro conheceu
O cavalo Perigoso
Da carreira adoeceu.

Then the cowboy and the bull
Entered into the densest brush
Everyone once in a while
The cowboy shouted out
So much that the Colonel said:
Now that is beautiful riding!

The bull climbed the mountain
Not choosing his direction
The cowboy now drawing near

Not losing him from sight
The horse Dangerous
Was running with even more heart.

They came down Serra Verde
The bull entered a ravine
Then it climbed into the broad plain
It entered the island of a river
A place where any other cowboy
Just seeing it would tremble.

But yet the cowboy said:
Where you go, I go
If you enter the sea
I'll turn into a fish and dive in
If someone comes to find me
They will find me dead at the bottom.

The bull easily
Broke through the underbrush
Almost in the center of the open area
The cowboy recognized him
Just then his horse Dangerous
Fell sick and weakened in the race.

--- Diabo! Disse o vaqueiro
Está doente o perigoso!
Ah! Boi do diabo! ... emfim
Te chamas misterioso
Eu puxei a meu avó
Que morreu por ser teimoso.

--Damnation! Said the cowboy
Dangerous is sick!
Ah! You devil of a bull!
--I now see why you are called Mysterious
But I'm a lot like my grandfather
He died from being so stubborn.

28
Voltou para o campo limpo
O cavalo tão suado
Com um talho no pescoço
Um cascao quase furado
Duma forma que o vaqueiro
Não pôde voltar montado.

He returned to the open area
The horse covered with sweat
With a cut on its neck
A hoof almost with a hole in it
The horse was in such bad shape the cowboy
Could not get on to ride it.

Às oito horas da noite
Vieram os outros chegar
A estrada que o boi fêz
Deu para todos passar
Cinqüenta e nove cavalos
Sem nem um se embaraçar.

At eight o'clock that night
All the other cowboys arrived
The "road" the bull made
Was wide enough for all to pass through
Fifty – nine horses
Wide enough to not get tangled.

--- Colega, quedê o boi?
Perguntou o Sezinando
O Sérgio se levantou
E respondeu espumando:
Coronel, eu já pensei
Que só me suicidando!

--Friend, where's the bull?
Asked Sezinando
Sérgio got up
And answered, fuming:
Colonel, I have been thinking
The only way out is suicide!

--- Suicidar-se! ... Porquê?
O Sérgio então respondeu:
O coronel não está vendo?
O que já me sucedeu?
Matei meu cavalo aqui
E inutilizei o seu.

--Suicide! ... Why?
Sérgio then responded:
Colonel, can't you see?
What just happened to me?
I killed my own horse here
And I've just made yours useless.

Disse o coronel: faz pena
Perigoso se acabar

The Colonel said: It's a pity
Dangerous had to die

| Porém é nosso, paguei-o | But he is ours, I bought him |

29

Ninguém vem mais o cobrar	No one will come to collect from me
E dou vinte pelo seu	And I'll give you twenty for yours
Se dois ou três não pagar.	If two or three others don't pay.

Eram sessenta cavalos	There were sixty horses
Uns de diversos sertões	Some from diverse parts of the backlands
E todos êsses não iam	And not all of these
A todas repartições	Were found just anywhere
Em vaqueijadas garbosas	In high class rodeos
Mostraram lindas ações.	They showed their stuff.

Havia um cavalo ruço	There was a pure blood
Chamado paraibano	Called "Paraibano"
Carioca, riograndense	"Carioca," "Riograndense"
Paturi e Pernambuco	"Paturi" and "Pernambuco"
Vitoriano e paulista	"Vitoriano" and "Paulista"
Flor-do-prado e sergipano.	"Flor do Prado" and "Sergipano."[49]

Pombo-roxo e papagayo	"Pomba Roxo" and "Papagaio"
Flor-do-campo- e catingueiro	"Flor do Campo" and "Catingueiro"
Socó-boi e canário-verde	"Socó-Boi" and "Canário Verde"
Pantola e piauizeiro	"Pantola" and "Piauizeiro"
Águia-branca e bentevi	Águia Branca" and "Bentevi"
Flecha-peixe e candeeiro.	"Flecha-Peixe" and "Candeeiro."[50]

E outros que aqui não posso	And others I cannot name here
Seus nomes mencionar	Or mention all their names
Era também impossível	And it also was impossible
Quem me contou se lembrar	For him to told me the story
É melhor negar o nome	It's better to leave out names

---

[49]   This strophe is all names from various states in Brazil.

[50]   This entire strophe is bird names. One wonders if Chico Buarque's "Passaredo" of 100 years later used the same style?

Do que depois se enganar.	Then to later be mistaken.[51]

30

Não havia um dêsses todos	Not one of the horses mentioned
Que não fôsse conhecido	Was unknown
Em diversas vaqueijadas	In diverse rodeos
Já não tivesse corrido	Not one that had not raced
Até seus donos já tinham	And even their owners already had
Medalhas adquirido.	Acquired medals from their performances,

Voltaram para a Bravura	They all returned to Bravura Ranch
Onde a gente era esperada	Where the people all were waiting
Ainda estava esperando	The people who were waiting
O povo da vaqueijada	Were the crowd from the rodeo
Porém não houve 1 vaqueiro	However there was not one single cowboy
Que se servisse de nada.	Who wasn't worth a damn.

Assim que deu meia-noite	So at around midnight
Foram para Santa Rosa	They returned to Santa Rosa
A mulher do coronel	The Colonel's wife
Os esperava ansiosa	Anxiously waited for them
Sabia que a vaqueijada	She knew that their endeavor
Era muito perigosa.	Was very dangerous.

Quando foi no outro dia	When it was another day
Antes de terem almoçado	Before they had the big mid-day meal
Disse Sérgio: coronel	Sérgio said: Colonel
Eu estou dando cuidado	I'm giving you lots of problems
Me arrume qualquer cavalo	See if you can find me any horse
Ou vendido ou emprestado.	One sold or on loan.

O coronal mandou ver	The Colonel gave orders to check out
Um cavalo e lhe ofereceu	A horse and offered it to him
Foi ver um conto de réis	In addition he offered a "conto de réis"

---

[51] This is another of the traits of the masterpieces of old Cordel: the naming of the sixty horses is no less than the names of the heroes at Troy in the "Iliad" or in João Guimarães Rosa's "Grande Sertão: Veredas." This is truly a modern-day Brazilian folk - popular epic!

31

Em ouro e prata e lhe deu	In gold and silver and gave it to him
Êle pedindo licença	He (Sérgio) begged his pardon
Não quis, lhe agradeceu.	He refused it but thanked the Colonel

--- Eu vim atrás dêsse boi	--I came here after that bull
Não devido ao dinheiro	Not because of any money
Eu vim porque tenho gôsto	I came because my pleasure in life
Nesta vida de vaqueiro;	Is in the life of a cowboy.
Mostrarei se eu não morrer	I'll show you even if it kills me
Quanto vale um cavaleiro.	What a good cowboy is worth.

O coronel disse a êle:	The Colonel said to him:
Eu fico penalizado	I'm sad to hear it now
Não digo que se demore	I'm not telling you to stay around
Porque seu pai tem cuidado.	Because your father will be worried.
Veja se volta em Janeiro	See if you can come back in January
Que me acha preparado.	Then I'll have everything ready.

Então o Sérgio saiu	Then Sérgio left
Não pôde mais demorar	Saying he could no longer stay
O coronel Sezinando	Colonel Sezinando
Não mais deixou de pensar	Stopped thinking of the matter
Porque forma aquêle boi	Because for that bull
Ninguém podia pegar.	No one could catch it.

Chamou um escravo e disse:	He called one of his slaves and said:
Monte num cavalo e vá	Get on a horse and ride
À fazenda Destêrro	To the Desterro Ranch
Diga ao vaqueiro de lá	Tell the cowboy over there
Que mando dizer a êle	That I want to talk to him
Que sem falta venha cá.	And not fail to come see me.

32

O escravo cumpriu todo	The slave followed the order
O dever de portador	Like a good carrier of a message
Achou a casa fechada	He found the cowboy's house closed up

Perguntou a um morador	And he asked one of the hired hands
Se sabia do vaqueiro	If he had heard anything about the cowboy
Êsse disse: não senhor.	And he said: no sir.
Então o morador disse:	Then the hired hand said
Na noite de sexta-feira	Last Friday night
O índio foi ao curral	The Indian went out to the corral
Deixou aberta a porteira	He left the gate open
Saiu montado a cavalo	And left mounted on a horse
E levou a companheira.	Carrying his wife along.
Voltou o escravo e disse	The slave returned and told
Tudo que tinha sabido	Everything that he had heard
Que na sexta-feira à noite	That on last Friday night
O índio tinha saído	The Indian had left
E carregou a mulher	And carried off his wife
Como quem sai escondido.	But like someone going into hiding.
--- Ainda mais essa agora!	--All this is too much again!
O coronel exclamou	The Colonel explained
Aquêle bruto saiu	That dullard left
E nem me comunicou	And did not bother to tell me
Que diabo têve êle	What in the devil was wrong with him
Que até o gado soltou?	Even letting the cattle out?
No outro dia foi lá	On another day he went there
Achou a porta fechada	But found the ranch house door closed
Então a porta de frente	Then he checked the front door

33

Tinha ficado cerrada	It was also closed
Até a mala de roupa	And there was a clothes case
Inda estava destrancada.	That was still lying open.
O fazendeiro com isso	The rancher seeing that
Ficou muito constrangido	Was very upset

Pensava logo em um crime	He thought first of a crime
Que pudesse ter havido	That might have happened
O índio não tinha causa	There was no reason the Indian
Porque saísse escondido.	Would go into hiding.
Então mandou gente atrás	So he ordered men to follow
Pelo mundo a procurar	Searching in every direction
Não achou uma pessoa	But he could not find one person
Que dissesse: eu vi passar	Who could say: I saw him go by
Em todo sertão que havia	In that entire part of the backlands
Êle mandou indagar.	He asked everyone.
Então o povo dizia	Then the people said
Que o índio era feiticeiro	That the Indian was a sorceror
E uma fada pediu-lhe	And a fairy asked him
Que não fôsse mais vaqueiro	To stop being a cowboy
A fada transformou êle	The fairy changed him
Em um veado galheiro.	Into a wild deer.
Os faladores diziam	The gossip had it
Qu'êle foi assassinado	That he had been murdered
E talvez o coronel	And perhaps it was the Colonel
Tivesse mesmo mandado	Who had given the order
Matar êle e a mulher	To kill him and the woman
Para ficar com o gado.	And end up with the cattle.

34

Outros diziam ao contrário	Others said to the contrary
Até julgavam que não	They judged no
Os 2 cavalos do índio	The two horses of the Indian
Aonde botaram então	Wherever they ended up
Mesmo disse o coronel	The Colonel himself said
Não fazia aquela ação.	He had nothing to do with it.
Bem encostadinho ao índio	Right up next to the Indian's place
Uma velha fiandeira	There was an old spinning lady
Morava numa casinha	She lived in a tiny house

E fiava a noite inteira	And spent the entire night spinning yarn
Disse que quase se assombra	She said she took quite a fright
Ali numa sexta-feira.	There on a Friday night.
Disse: meia-noite em ponto	She said: at exactly midnight
Eu ainda estava fiando	I was still spinning
Em casa de Benvenuto	In the house of Benvenuto
Eu ouvi gente falando	I heard people talking
Espiei por um buraco	I looked through a tiny hole
Vi chegar um boi urrando.	I saw a bellowing bull arrive.
A velha disse:	The old lady said:
Deus mande a cascavel me morder	May God send a rattlesnake to bite me
Se de lá de minha casa	If from there at my house
Não ouvi o boi dizer:	I did not hear the Bull saying:
Boa-noite Benvenuto	Good evening Benvenuto
Eu só vim para te ver.	I just came to see you.
--- O boi disse outras palavras	The bull said other words
Que eu não pude ouvir	That I could not hear
O caboclo e a mulher	The mixed blood and the woman
35	
Disso ficaram a sorrir	Reacted to the bull with a smile
O boi, o índio e a mulher	The bull, the Indian and the woman
Tudo junto eu vi sair.	I saw them all leave together.
--- Aí fui guardar o fuso	---Then I went to put away the spindle
A cêsta o algodão	The basket and the cotton
--- Credo em cruz! Dizia eu---	---I swear on the Cross! I said---
Aquilo é arte do cão	That is the art of the devil
São coisas do fim do mundo	These are the things of the end of the world
Bem diz Frei Sebastião!	Fray Sebastião said it well!
O coronel a princípio	The Colonel in the beginning
Inda não acreditou	Still did not believe her
Porém depois refletiu	But after thinking about it

Uma ação que o índio obrou	And what the Indian did one time
Quando rastejava o boi	When he was tracking the bull
O índio não foi, voltou.	The Indian did not come along but left.
Então desse dia em diante	From that day on
Ninguém ali mais o viu	No one there ever saw him again
Não houve mais quem soubesse	There was no one who knew
Aonde êle se sumiu	To where he might have gone
Foi igualmente a fumaça	It was just like smoke
Que pelos ares subiu.	Disappearing into the air.
Como o índio e a mulher	Like the Indian and the woman
Tudo desapareceu	Everything disappeared
Tanto que diziam muitos	To the point that many said
Que o diabo os escondeu	That it was the devil that hid them
Durante dezesseis anos	For sixteen years
Novas dêle ninguém deu.	There was no news of them.

36

Sérgio, vaqueiro de Minas	Sérgio the cowboy from Minas
Todos os meses escrevia	Wrote letters every month
Perguntando ao coronel	Asking the Colonel
Se o boi inda existia	If the bull was still alive
Dizendo: quando quiser	Saying: when you give me the word
Escreva marcando o dia.	Just write and tell me the day.
Faziam dezesseis anos	It had been sixteen years
Que o boi estava sumido	Since the bull had vanished
Até por muitas pessoas	For many people
Êle já era esquecido	He was now forgotten
Quase todos já pensavam	Almost everyone thought
Que êle tivesse morrido.	That he had died.
O coronel Sezinando	Colonel Sezinando
Tinha como devoção	Had as part of his devotion
Festejar todos os anos	To celebrate every year
A imagem de S. João	The statue of St. John

Todo ano era uma festa	Every year there was a big party
Não havia excepção.	Without exception.
Uma noite de S. João	One night of São João[52]
Na fazenda Santa Rosa	On the Santa Rosa ranch
Só a noite de Natal	Only Christmas could match
Estaria tão formosa	It was so beautiful
Porque em todo sertão	Because in all the backlands
É aquela a mais garbosa.	This was the most elegant.
Três classes ali dançavam	Three social classes were dancing there
Em redobrada alegria	In unbridled happiness
No salão da casa grande	In the salon of the Big House

37

Os lordes da freguezia	The Lords of the surrounding area
Em latadas de capim	Were dancing on a mat of grass
A classe pobre que havia.	The poor class joined the celebration.
O leitor deve lembrar-se	The reader should recall
Do estilo do sertão	The customs of the backlands
O que não fizer fogueira	He who does not do the bonfire
Nas noites de S. João	On the nights of São João
Fica odiado do povo	Remains hated by the common folk
Tem fama de mau cristão.	With the reputation of being a bad Christian.
O coronel Sezinando	Colonel Sezinando
Derrubou uma aroeira	Took down a huge "Aroeira" tree
E vinte e oito pessoas	It took 28 persons
Carregaram essa madeira	To carry the wood
Para o patio da fazenda	To the patio of the ranch house
E fizeram uma fogueira.	Where they built the bonfire.

---

[52] The day of São João in the Northeast is one of its biggest holidays and festivals: country "caipira" music, dancing, local foods, and fireworks or a big bonfire mark the evening. This author experienced such a night in a small town near Recife in 1966. But one of the best descriptions of São João is in the prose of novelist Jorge Amado in "Teresa Batista Cansada de Guerra."

Estava a noite vinte e três	It was the night of the 23rd
Do mês do Santo Batista	The month of the St. Batista
Como outra no sertão	Another like it in the backlands
Nunca tinha sido vista	Had never been seen
Só faltava ali a música	All that remained to be seen was the music
Discursos e fogos de vista.	The speeches and fireworks.
Então o povo dali	Then all the folks there
Uns dançando outros bebendo	Some dancing, others drinking
Um prazer demasiado	Shared immense pleasure
Em tudo estava se vendo	That was seen all around
Mais de 50 pessoas	More than 50 persons
Assando milho e comendo.	Grilling corn on the cob and eating

38

Meia-noite mais ou menos	More or less at midnight
Pôde o povo calcular	By the reckoning of those present
O galo pai do terreiro	The big rooster "King of the Place"
Estava perto de cantar	Was about to crow
Quando viram um touro preto	When all saw a black bull
No patio se apresentar.	Present himself on the patio.
Meteu os cascos na terra	He dug his hooves into the earth
Cobriu tudo de poeira	And covered everything with dust
E deu um urro tão grande	And let out a bellow so great
Que reboou na ribeira	That it reverberated in all the area
Deixou em cima da casa	It left on the roof of the house
Tôda brasa da fogueira.	All kinds of burning embers.
Dos cachorros da fazenda	Of the two ranch dogs
Nem um siquer acudiu	Not one showed his face
O gado urrava de mêdo	The cattle bellowed out of fear
Parte do povo fugiu	Some of the people fled
O coronel Sezinando	Colonel Sezinando
Foi o único que saiu.	Was the only one to stand his ground.
Ainda viu o vulto dêle	You could see the outline of him

Que pelo patio ia andando	As he went walking through the patio
Chamou os cachorros todos	He called for all the dogs
Êsses fugiram uivando	They all fled whimpering
O povo todo em silêncio	The people there in complete silence
Já muitos se retirando.	Many of them leaving.
Então acabou-se a festa	So the festival ended
O povo se desbandou	The guests left the scene
Os moradores de perto	The hands nearby
39	
Lá um ou outro ficou	One or another stayed
Aquêle salão garboso	That elegant salon
Em escuro se tornou.	Went dark.
No outro dia às dez horas	The next morning at ten o'clock
O coronal Sezinando	Colonel Sezinando
Estava com a espôsa	Was with his wife
No alpendre conversando	Conversing out on the varanda
Quando o índio Benvenuto	When the Indian Benvenuto
Chegou e foi se apeando.	Appeared and got off his horse.
O coronel exclamou:	The Colonel exclaimed:
Índio velho desgraçado	You no-good old Indian
Você saiu escondido	You left in a hurry, hiding
Me dando tanto cuidado	Giving me a lot to worry about
Por sua causa até hoje	And yet today it is because of you
Eu vivo contrariado!	That I am very angry.
Então perguntou o índio:	Then the Indian asked:
Pegaram o misterioso	Did they ever catch the mysterious bull?
Que atrás dêle morreu	The one by chasing after him died
O cavalo perigoso?	"Dangerous" the horse
Respondeu o coronel:	The Colonel responded:
Sumiu-se aquêle tinhoso.	That mangy critter disappeared.
Então disse o coronel:	Then the Colonel said:

Você hoje há de dizer	You are going to tell me today
Aquêle boi o que é	Just what that bull is
Que só você pode saber	Only you are able to say it
Se fizer êste favor	If you would just do me the favor
Tenho que lhe agradecer.	I would be very beholden.

40

--- De nada sei, coronel	--I don't know a thing, Colonel
O índio lhe respondeu	The Indian answered him
--- Sabe, disse o coronel	--You know, said the Colonel
E contou o que se deu	The story that was going around
Disse: quando você sumiu-se	He said: was that when you disappeared
Êle desapareceu.	The bull disappeared.

--- Eu andava viajando	--I was away traveling
Disse o índio Benvenuto	Said the Indian Benvenuto
Respondeu-lhe o coronel	The Colonel answered him
Ora, você é meio bruto	Now, you are not that stupid
Que motivo foi que houve	What motive could you possibly have
Que você saiu oculto?	To sneak away and hide?

--- No motivo há um segrêdo	--As for the motive, there is a secret
Que não posso revelar	That I cannot reveal
E o boi misterioso	And the mysterious bull
Voltou ao mesmo lugar	Returned to the same old place
Anda aí publicamente	He is wandering there in plain sight
Quem quizer pode pegar.	Whoever wants can catch him.

--- Eu atrás dêle não vou	But I'm not going after him
Não lhe trago no engano	I won't try to deceive you
Pois não quero desgostar	I don't want to ruin
Meu cavalo soberano	My horse "Soberano"
Por eu ir lá uma vez	The one time I did go there
Tive castigo de um ano.	I was punished for a year.

Zé Preto do Boqueirão	Zé Preto of the Boqueirão Ranch
Naquela hora chegou	Arrived about that time

Perguntou ao coronel:

He asked the Colonel, well

41
O que foi que passou?
Respondeu o coronel:
O diabo se soltou!

What has been going on?
The Colonel answered:
The devil is on the loose![53]

Disse Zé Preto: eu também
Venho aqui tão receoso
O coronel me conhece
Não sou homem mentiroso
Inda agora quando eu vim
Vi o boi misterioso.

Zé Preto said: I too
Come here a little fearful
Colonel, you know me well
I'm not a man who lies
But just now on the way here
I saw the mysterious bull.

--- Na fazenda do Balão
Passei, vi êle deitado
Foi o boi que veio aqui
Eu fiquei desconfiado
Porque vi um chifre dêle
E parece estar queimado.

--On the Balão ranch
I passed by and saw him lying down
It was the bull that came here
I grew suspicious
Because I saw one of his horns
And it looks like it's been burned.

Sérgio, o vaqueiro de Minas
Nesse momento chegou
Disse: Senhor Coronel
Às suas ordens estou
Pois recebi o recado
Que o coronel me mandou.

Sérgio, the cowboy from Minas
Arrived at that very moment
He said: Senhor Colonel
I am at your service
Since I received the message
That you, Colonel, sent me.

Disse o Sérgio: eu recebi
Do coronel um recado
Que no dia vinte e sete
Estava o povo contratado
Pois o boi misterioso
Já tinha sido encontrado.

Sérgio said: I received
A message from the Colonel
That on the day of the 27th
That was when we all agreed upon
Since the mysterious bull
Had been seen and found.

---

[53] All through the story – poems of the "literatura de cordel" there is a standard saying "O diabo se soltou!" ["The devil is on the loose"] when things are not going well, oftentimes related to "the world is topsy – turvy!"

42

Então disse o coronel:	Then the Colonel said:
Que o recado não mandou	That he had sent no message
Ali contou a miúdo	Then he told in great detail
A cena que se passou	The scene that had taken place
E disse: Zé Preto agora	And he said: Zé Preto, just now
Me disse que o encontrou.	Told me he had found it.
Nisso chegou um vaqueiro	At that moment a cowboy
Um caboclo curiboca	An Indian, mixed black blood
O nariz grosso e roliço	His nose was thick and rounded
Em forma duma taboca	In the shape of bamboo
Em cada lado do rosto	On each side of his face
Tinha uma grande papoca.	He had a large scar.
--- Bom dia, senhor coronel	Good day, senhor Colonel
Disse o tal recém-chegado	Said the recent arrival
--- Tenha o mesmo, cavalheiro	--The same to you, senhor rider
Respondeu desconfiado	He said guardedly
Dizendo dentro de si:	Thinking to himself:
De onde é este danado?	Where is this loser from?
O coronel perguntou:	The Colonel asked:
De onde é, cavalheiro?	Where are you from, horseman?
--- Do sertão de Mato Grosso;	From the backlands of Mato Grosso
Respondeu o tal vaqueiro	That same cowboy answered
--- A que negócio é que vem?	--And what is your business here?
Perguntou o fazendeiro.	The rancher asked.
--- Venho a vossa senhoria	--I come to your lordship
A mando do meu patrão	At the command of my Patrón
Ver um boi misterioso	To see a mysterious bull

43

Que existe aqui no sertão	That lives here in your backlands
O coronel quer que pegue	Colonel, do you want me to catch it?
Me dê autorização?	Will you give me authorization?

--- Meu patrão é bom vaqueiro
(lhe disse o desconhecido)
Soube que nessa fazenda
Um boi tinha se sumido
Mandou-me ver se êsse boi
Já havia aparecido.

--My boss is a good cowboy himself
(The unknown person told him)
He learned that on this ranch
A bull had disappeared
He sent me to see if this bull
Has been seen again.

--- E se o coronel quisesse
Qu'eu fôsse ao mato pegá-lo
Eu garanto ao coronel
Vendo, eu hei de derrubá-lo
O patrão por segurança
Mandou-me neste cavalo

--And if the Colonel would like
For me to go to the badlands to catch it
I guarantee the Colonel
Once I see it, I'll have to take it down
My boss to make sure
Sent me on this horse.

--- Este cavalo não sai
Daqui desmoralizado
Neste só monta o patrão
Ou eu quando sou mandado
É um poldro, está mudando
Porém é condecorado.

--This horse will never leave
From this place demoralized
Only my boss rides him
Or I do when I'm ordered to
He's still a colt, but he is growing
And he has already won prizes.

O cavalo era mais preto
Do que uma noite escura
Até os outros cavalos
Temiam a sua figura
O corpo muito franzino
Com 8 palmas de altura.

The horse was blacker
Than a dark night itself
The other horses nearby
Were afraid of his presence
The body was very slight
But he was 8 palms tall.

44
Tinha os olhos côr de brasa
Os cascos como formão
Marcado com 7 rodas
Das juntas do pé a mão
E tinha do lado esquerdo

His eyes were the color of embers
His hooves were like chisels
He was marked with seven circles
From the front leg to the back
And on his left side

Sete sinos salomão.	He had seven Signs of Solomon.[54]

--- Pois bem, disse o coronel	--Good enough, the Colonel said
Amanhã temos que ir	We have to head out tomorrow
Mande avisar aos vaqueiros	Go tell all the cowboys
Creio que tudo há de vir	I believe this time all have to come
Às seis horas da manhã	At six o'clock tomorrow morning
Nós havemos de sair.	We will have to set out.

Cinqüenta e nove vaqueiros	Fifty-nine cowboys
Às oito horas chegaram	Arrived at eight o'clock
Todos tiraram as selas	They unsaddled their horses
E seus cavalos pearam	And put them out to graze
Cearam, armaram as rêdes	They ate dinner and put up their hammocks
No alpendre se deitaram.	All went to bed on the varanda.

Mas o caboclo não quis	But the mixed blood refused
Pear o cavalo dêle	To put his horse out to graze
Não quis cear e passou	He refused to eat and spent
A noite encostado a êle	The night bedded down near his horse
Dizendo que não peava	Saying he would not unsaddle him
Não confiava-se nêle.	Not knowing what he would do.

De manhã todos seguiram	In the morning they all set out
O caboclo foi n a frente	The mixed blood in the lead
O coronel notou logo	The Colonel noted right away

45

Nêle um tipo diferente	That he was a different sort
E disse: se houver diabo	He said: if the devil exists
Aquêle é um certamente.	That's him for sure.

Foram aonde Zé Preto	They went to where Zé Preto

---

[54] Signs of Solomon, "signos de salomão" like a Star of David, used to ward off evil signs. This "signo de salomão" was notorious among the "cangaceiros" or bandits of the Northeast, especially Lampião. They were made of tin, or metal, and pinned to their broad brimmed leather cowboy hats (chapéu de couro).

Na véspera tinha o deixado	Had left the bull the evening before
Naquele mesmo lugar	In that exact same place
Inda estava êle deitado	He was still lying down
Levantou-se espreguiçando	He got up stretching
E não ficou assustado.	And showed no fear at all.
Depois de se levantar	After he got up
Cavou o chão e urrou	He pawed the earth and bellowed
O urro foi tão esquisito	The bellow was so strange
Que tudo ali se assustou	That everyone there was frightened
O cavalo do caboclo	The mixed blood's horse
Cheirou o chão e rinchou.	Smelled the ground and neighed.
Tratou o boi de correr	The bull set off running
E subiu logo um oiteiro	And climbed a nearby hill right away
Lugar que era impossível	A place that was nigh impossible
Subir nêle um cavaleiro	For a rider to climb
De cinqüenta e nove homens	Of the fifty-nine cowboys
Só foi lá o tal vaqueiro.	Only the one cowboy tried it.
Entao o caboclo disse:	Then the mixed blood said:
Pode correr, camarada,	Go ahead and run, old buddy,
Veremos quem tem mais força	We shall see who is stronger
Se é meu patrão ou a fada	If it is my boss or the fairy
Eu não chego a meu patrão	I'm not going back to my patrón
Contando história furada.	Telling a half-baked story.

46

--- Você bem vê o cavalo	--You can see my horse well
Que eu venho montado nêle	And how I am mounted on him
E conhece o meu patrão	And you know my patrón
Sabe que o cavalo é dêle	And you know it is his horse
O boi aí se virou	The bull then turned
E olhou bem para êle.	And looked right at him.
Aí desceu do outeiro	Then he came down the hill
Em desmedida carreira	All hell bent for leather

Deixando por onde ia	Leaving behind him
Uma nuvem de poeira	A cloud of dust
O curiboca gritou-le:	The mixed blood shouted at him:
Não corra que é asneira!	It's asinine to run!
Então seguiram no campo	Then they both entered open range
Onde tudo se avistava	Where everything could be seen
O cavalo do caboclo	The mixed blood's horse
Fogo de venta deitava	Was breathing fire from his nostrils
Dava sôpro nas campinas	It beat down the grass in the meadows
Que tudo ali assombrava.	And everyone there was frightened.
O coronel disse a todos:	The Colonel said to them all:
Devemos seguir atrás	We best just follow behind
Está decidido que ali	One thing for sure over there
Anda a mão de satanás	Satan's hand is in this
Convém agora é ir vermos	Let's get going now
Que resultado isso traz.	And see what happens.
Bem no centro da campina	Right in the center of the open field
Havia uma velha estrada	There was an old cow trail
Feita por gado dali	Made by all the cattle there

47

Porém estava apagada	But it was long abandoned
Depois com outra verêda	Together with another cow path
Fazia uma encruzilhada.	It made a crossroad.
Iam o vaqueiro e o boi	The cowboy and the bull
Pela dita cruz passar	Were about to go through the cross
Ali enguiçava a cruz	Then the cross broke in two
Ou tinha então que voltar	You had then to go back
Devido os outros vaqueiros	For all the other cowboys
Não havia outro lugar.	There was no other option.
Mas o boi chegando perto	When the bull drew near
Não quis enguiçar a cruz	It refused to stop at the crossroad

Tudo desapareceu	Everything disappeared
Ficou um foco de luz	Only a beam of light was left
E depois dela saíram	And out of it flew
Uma águia e dois urubus.	An eagle and two buzzards.
Tudo ali observou	Everyone there was a witness
O fato como se deu	To the facts just like they happened
Viu-se que o chão se abriu	They saw the ground open up
E o campo estremeceu	And the earth shook
Pela abertura da terra	They saw a crack in the earth
Viram quando o boi desceu.	The saw the bull descend into it.
Voltaram todos os homens	All the men returned
O coronel estrangido	The Colonel visibly upset
O boi e o tal vaqueiro	The bull and that cowboy
Terem desaparecido	Had both disappeared
A terra abriu-se e fechou-se	The earth opened and closed
Pôs tudo surpreendido.	Leaving everyone surprised.

48

Julgam que a águia era o boi	They surmise the eagle was the bull
Que quando na terra entrou	And when it entered the earth
Ali havia uma fada	A magic fairy there
Em uma águia o virou	Turned it into an eagle
O vaqueiro e o cavalo	The cowboy and the horse
Em 2 corvos os transformou.	Were turned into two ravens.
O coronel Sezinando	Colonel Sezinando
Ficou tão contrariado	Was so disgusted
Que vendeu tôda fazenda	That he sold the entire ranch
E nunca mais criou gado	And stopped raising cattle
Houve vaqueiros daqueles	There were cowboys in those parts
Que um mês ficou assombrado.	Who were shook up for a month.
Lá inda hoje se vê	There yet today you can see
Em noites de trovoados	On nights with a lot of thunder
A vaca misteriosa	The mysterious cow

Naquelas duas estradas	In the middle of the crossroad
Duas mulheres falando	Two women talking
Rangindo dentes, chorando	Gnashing their teeth, crying
Onde as cenas foram dadas.	Where these scenes took place.

FIM   THUS ENDS THE "HISTÓRIA DO BOI MISTERIOSO." LEANDRO GOMES DE BARROS

IV.

"HISTÓRIA DE MARIQUINHA E JOSÉ DE SOUZA LEÃO"

"The Story of Mariquinha and José de Souza Leão"
João Ferreira de Lima

Introduction:

This story-poem was chosen by the author only after much thought; the reason is it must represent in this necessarily limited anthology the largest and perhaps most entertaining cycle of all the "literatura de cordel," the heroic, but in the backlands. Not only does the story-poem have vestiges of the European heroic poem, but really is its assimilated, Brazilian version employing the archetypes of both the Northeastern bandit and brave outlander. It merits the same attention as "O Boi Misterioso," now moving on from the cowboys, the horses and the Bull.

This "story" is really another of the "romances" [romances] or long, narrative poems of the Brazilian "literatura de cordel." It has less than the customary 32 pages, that is, 24, but it follows the thematic scheme and possesses the primarily heroic tone of the "romance" from "cordel." And so it is that the scholars of "cordel" dub it a "traditional romance." It was composed by João Ferreira de Lima from the town of São José do Egito in the state of Pernambuco. Ferreira de Lima lived from 1907 to 1973 and besides being a cordelian poet he also plied the trade of astrologer, and he published the most popular almanac in all the Northeast from 1935 to 1972: "The Almanac of Pernambuco" [O Almanaque de Pernambuco].

The poem really fits into several "cycles" or thematic divisions of "cordel": it is a long, narrative poem of love, great suffering, challenges, battles and final victory for the lovers. But aside from this theme dear to old "cordel," it is a poem about bravery and brave heroes of the Northeast; its hero is a variant of the epic hero, a fierce Brazilian from the backlands. And it has something of the cycle of the northeastern bandit [o cangaceiro]. "Mariquinha and José de Sousa Leão" therefore is a traditional long narrative with a hero and heroine in a tremendous battle against Evil, personified in this case in the ferocious father of the girl, Captain Oliveiros.

The story-poem without doubt represents a romance assimilated to the Northeast because the theme of great love between hero and heroine is old and important in the popular stories from the Iberian Peninsula. But in the Brazilian "cordel," the hero is no longer a prince but a cowboy from the Northeast; the heroine is not a princess or daughter of the king or a cruel and despotic duke, but the daughter of a powerful landholder of the backlands. So, this poem has in common with other romances like "The Valiant Vilela" ["O Valente Vilela"] or "Zezinho and Mariquinha" [Zezinho e Mariquinha] the fact that it is based on European themes but now assimilated to Brazil. It shows the influence of another popular story-poem of the era, an older story written by the master of old cordel, Leandro Gomes de Barros, "A Força do Amor;" in fact it cites verses by Leandro in the first page of the story.

The same formula of "The Story of Mariquinha and José de Sousa Leão" was redone by the same author years later when he composed his "Romance of José de Sousa Leão," the latter with a setting in Argentina and Bolivia. And the same theme is seen often in the erudite literature of Brazil's Northeast, especially in Jorge Amado's novel "Tereza Batista Tired of War" [Tereza Batista Cansada de Guerra] when the female protagonist has a heroic battle against a vile landholder of the backlands, a novel based directly and consciously on the "literatura de cordel."

The success of this story-poem was such that it was reprinted by the largest publisher of "cordel' in the South of Brazil, the Editora Luzeiro Lmtd. in São Paulo. So the story-poem not only was not lost over time, but became available to northeastern migrants now living in that city as well as the outlets of Editora Luzeiro in all the Northeast and North of Brazil. See our monograph "Jorge Amado e a Literatura de Cordel" (Salvador da Bahia: Fundação Cultural do Estado da Bahia – Fundação Casa Rui Barbosa, 1981).

III. HISTÓRIA DE MARIQUINHA E JOSÉ DE SOUSA LEÃO

The Story of Mariquinha and José de Souza Leão
João Ferreira de Lima

1

Nesta história se vê[55]	In this story one sees
A força que o amor tem	The power that love has
E Deus o quanto ajuda	And how much God helps
Ao homem que pensa bem	The man who thinks well
Tendo força de vontade	Who is of strong will
Só a negra falsidade	Only black falseness
Nunca valeu a ninguém	Never served anyone well.
A força que o amor tem	The force that love has
Não há que possa vencer	No one can overcome it
Dá coragem ao homem fraco	It gives courage to the weak man
Perde o medo de morrer	Who loses his fear of death
Fica veloz como o vento	Becomes fast as the wind
Cria ferida por dentro	Creates wounds on the inside
Quem está fora não ver.	That one from the outside never sees.
No século próximo passado	In the last century
José de Sousa Leão	José de Sousa Leão
Era almocreve e morava	Was a horse trader and lived
No interior do sertão	In the interior of the backlands
Rapaz de tipo elegante	An elegant young man
Andava sempre ambulante	He was always on the move
Na sua especulação.	Making deals in his trade.
José de Sousa Leão	José de Sousa Leão
Morava no Ceará	Was living in Ceará State [56]
Numa seca muito grande	When there was a big drought

---

[55]   These two introductory strophes are taken directly from Leandro Gomes de Barros's "A Força do Amor."

[56]   Ceará is one of the most hard-hit states traditionally from the horrible droughts in the old Northeast. The "Seca dos dois 7" was reputed to have killed one million people.

José emigrou de lá	José migrated from there
Perdeu o que tinha lucro	He lost any profit he had made
Veio para o Pernambuco	And he came to Pernambuco[57]
Remir a vida por cá.	To try life out here.

2

José percorreu o sul	José checked out the south area
Sem achar colocação	Without finding a new job
Lhe disseram: Ali tem	They told him: Over yonder
O engenho do capitão	The Captain's plantation
Apontaram com o dedo	They pointed to it (saying)
Se o senhor não tem medo	If you are not afraid
O homem é valentão.	The man is incredibly valiant.

José disse: eu vou lá	José said: I'll go there
E seguiu na direção	And headed in that direction
Um velho ainda lhe disse:	And old man nearby told him:
Não vá lá meu ciudadão	Don't go there my friend
Dou-lhe este parecer	I'm giving you this advice
Faz pena até se dizer	It hurts me to even say
Quem é este capitão.	Who that Captain is.

O velho disse: Meu moço	The old man said: My boy
Você me guarde o segredo	You better keep this secret
Nosso capitão aqui	Our Captain here
Mata gente por brinquedo	Kills people for the fun of it
Não tem dó de ninguém	He has no pity on anyone
Já entrou mais de cem	More than 100 have been buried

Dentro daquele arvoredo.	Over there in that bunch of trees.[58]

---

[57] Pernambuco is south and east of Ceará and as one travels toward the Atlantic the soil turns richer with abundant water.

[58] Th e strophe refers to the fame of the arch-type powerful man of the backlands: the big landholder who is at the same time strong and cruel and who possesses the rank, legitimate or not, of colonel or captain in the National Guard. This figure is based on the famous "colonelism" [coronelismo] of the Northeast (a Brazilian variation of "caciquismo," the rule of the local political chief in Spanish America).

José respondeu: meu velho	José responded: old man
Isso depende de sorte	That all depends on your luck
O homem para viver	A man in order to live
Precisa que seja forte	Needs to be strong
Não tema revolução	Not fear danger
Troque a vida pela morte	Risk life or death.

3

José nessa ocasião	José in that moment
Disse adeus e foi embora	Said goodbye and left
O velho disse: Vai-te	The old man said: May you go
Com Deus e Nossa Senhora	With God and Our Lady
José saiu tangendo	José left trailing his herd
O velho ficou dizendo:	The old man saying behind him:
Ele é morto sem demora.	That one's a dead man in no time.

José chegou no engenho	José arrived at the plantation
Com sua cavalaria	With all his string of horses
Cumprimentou a todos	He greeted all
Com a maior cortesia	With the greatest courtesy
Disse com educação	He said in a well-mannered way
Boa tarde capitão	Good afternoon, Captain
Como vai vossa senhoria?	How are you doing, sir?

O capitão orgulhoso	The arrogant Captain
Nem para José olhou	Not deigning to look at José
Com dez ou doze minutos	After ten or twelve minutes
O capitão se virou	The Captain turned to him
Resolveu outro destino	Determining one more man's destiny
Com cara de assassino	With an assassin's look
Por esta forma falou:	He spoke in this manner:

De onde vem o senhor?	Mister, where do you come from?
E o que quer por aqui?	And what do you want here?
Atrevido vagabundo	You insolent vagabond
O camino é por ali	The road out is that way
José de Sousa Leão disse	José de Sousa Leão said:

Eu sou cidadão morador de Cariri.[59]	I'm a citizen, living in the Cariri.
4	
E saí da minha terra	I left my homeland
Devido a seca que há	Due to the drought up there
Tenho os meus documentos	I've got all my documents
Sou filho do Ceará	I'm a son of Ceará
Ando aqui neste inferno	I'm wandering here in this hell
Mas quando houver inverno	But when winter rains comes [60]
Eu torno volto p'ra lá.	I'll return there.
O capitão conheceu	The Captain had determined
A sua disposição	José's character
Lhe ofereceu serviço	He offered him a job
Nessa mesma ocasião	At that very moment
Antes que José falasse	Before José could say anything
Mandou ele arranchar-se	He ordered him to bunk
Num pequeno barracão.	In a small shack.
O capitão disse: José	The Captain said: José
Não lhe trago enganado	I'm not fooling around with you
Quem não andar direito	Anyone not toeing the line
Eu mando matar sangrando	I'll have his throat slit
José disse: Muito bem	José said: Very well
Eu sei que o senhor tem	I know that you have
O seu direito sagrado. [61]	That sacred right.
O capitão levantou-se	The Captain got up
E disse: Vamos ali	And said: Let's go over there
Levou ele a uma quinta	He took him to a clearing

---

[59]   Cariri is the region in the south of Ceará state known from the Indians of the same name, and more recently, by the towns of Crato and Juazeiro do Norte, the land of Father Cícero, the most important personage of the religious cycle of "cordel."

[60]   An eternal and legendary topic of the Northeast: the migrant who leaves his land (generally for Rio de Janeiro or São Paulo in the South) because of the terrible droughts, but feels nostalgia [saudades] for his homeland and wants to return home when the much-awaited rains arrive.

[61]   It's curious that the total domination by the landholder is considered here a "sacred right" by our hero, a matter of debate by researchers of the "cordel."

E mostrou-lhe de por si
Um homem lá amarrado
Disse: Vai morrer sangrado
Ninguém o salva daqui.
5
A sepultura aberta
O pobre se lastimando
Com quatro cabras ali
Pelo patrão esperando
O capitão com um punhal
Nesse momento fatal
Foi logo ao pobre sangrando.

E depois que matou ele
Deu ordem: Vão sepultar!
E disse para José:
Agora vá trabalhar
Se faltar com o respeito
Irá morrer desse jeito
Não tem de quem se queixar.

José foi trabalhar
Disse: Já sei como é
O capitão agradou-se
Do trabalho de José
Porém ele se enganou
Que dessa vez encontrou
Forma que deu no seu pé.

José disse: Capitão
Eu não gusto de ofensa
Estou pronto p'ra serví-lo
Sei que o senhor compensa
Porém dizia meu pai:
As vezes as coisas não sai
Do jeito que a gente pensa.

And showed him
A man who was tied up
He said: He's going to bleed to death
No one here can save him.

The grave was already dug
The poor man meeting his end
There were four hired gunmen there
Awaiting the boss's orders
The Captain with a knife
At that fatal moment
Proceeded to cut the poor man's throat.

And after he killed him
He gave the order: Bury him
And he said to José:
Now, get to work
Any lack of respect
That's the way you will die
And there's no one to complain to.

José went to work
He said: I see how it is
The Captain began to appreciate
Jósé's work
But he was fooled
Because this time he would see
That the shoe was on the other foot.

José said: Captain
I don't like offending anyone
I'm happy to serve you
I know you pay me well
But as my father said:
Sometimes things don't turn out
The way you think they should.

6

No outro dia José	The next day José
Seus cavalos carregou	Took his horses
No ponto determinado	To the determined place
Bem direito trabalhou	He worked extremely well
Com modesto educação	According to his modest upbringing
Até mesmo o capitão	Even the Captain
Daquilo se admirou.	Was surprised and took notice.
Com um mês e poucos dias	After a month and a few days
Que José trabalhava	That José had been working
José estava bemquisto	José was in good standing
Já o capitão conversava	Now the captain conversed regularly
Achando tudo bem feito.	Finding his work well done
Muito alegre e satisfeito	Happy and well satisfied
Já criticava e zombava.	He now criticized and joked.
Um dia o capitão disse:	One day the Captain said
Vamos lá em casa José	José let's go over to the house
Quero que tú vá hoje	I'd like you to come today
Tomar comigo um café	To have a cup of coffee with me[62]
Mariquinha quer mandar	Mariquinha has a request
Encomendar p'ra comprar	For you to buy something for her
Vamos saber o que é.	Let's find out what it is.[63]
José tomando café	José was drinking coffee
Na sala da refeição	In the dining room
Mariquinha quando viu	Mariquinha when she saw
José de Sousa Leão	José de Sousa Leão
Sua alma teve alegria	Her soul filled with happiness

[62] Ah. The "cafezinho" shared by enemies including Lampião and Antônio Silvino after a famous battle in fiction in "cordel."

[63] The young lady-heroine is the symbol from the old popular tradition -- the only daughter of the powerful landholder who is destined to fall in love with the young man of humble background who in turn will have to face the anger of the powerful landholder. It is an eternal theme of world folklore. It is another variant from "A Força do Amor."

Um raio de simpatia	A lightning bolt of sympathy
Atingiu-lhe o coração.	Struck her heart.

7

Mariquinha saiu fora	Mariquinha came into the room
Sorrindo lhe deu bom dia	Smiling, she said hello to José
Fez um sinal de namoro	In a loving way
Um riso de simpatia	It was a very pleasant smile
Como quem não tem mistério	Of someone with nothing to hide
José fi cou muito serio	José remained very serious
Fez de conta que não via.	Pretending he did not see it.

Mariquinha acelerada	Mariquinha very quickly
Vinha na ponta do pé	Came on tiptoe
E de lá no corredor	And from out in the hallway
Piscava o olho a José	She winked at José
Achando lindo o moço	Finding the young man handsome
O que passou no almoço	As to what happened during dinner
O capitão não deu fé.	The Captain never caught on.

José disse: Capitão	José said: Captain
Vou fazer o seu mandado	I'll take care of her request
Foi e veio com urgência	He left and came back quickly
Trouxe tudo de agrado.	Bringing everything as requested
Temendo a sorte mesquinha	Fearing bad fortune
O namoro de Mariquinha	Mariquinha's attraction to him
Deixou-lhe impressionado.	Left quite an impression upon him.

Mariquinha depois disso	After that Mariquinha
Fez um bilhete escondido	Wrote a secret note[64]
Para José de Sousa Leão	To José de Sousa Leão
Suavisando o sentido	Hiding her true intention
Disse ao velho com afeto:	She said to her father with affection:

---

[64] The famous secret love note or letter from the dramatic tradition of the Spanish drama of Lope de Vega also plays a part in this popular folk drama of Northeast Brazil. In the Spanish romantic dramas, the secret love letters are so emotionally powerful that they burn the young ladies' hands!

Papai falta um objeto	Daddy, there's one thing lacking
Que eu tinha esquecido.	Something I had forgotten about.

8

Mariquinha disse: Papai	Mariquinha said: Daddy
Quando seu José passar	When José comes by again
Eu tenho outra encomenda	I have another item
Para ele me comprar	For him to buy for me
Mentira; era uma cartinha	A lie; it was a letter
Dizendo: Sou Mariquinha	Saying: this is Mariquinha
Nasci para te amar.	I was born to love you.

O capitão disse: José	The Captain said: José
Mariquinha não se lembrou	Mariquinha didn't remember
De botar uma encomenda	One item on the list
Por isso tu não comprou	Therefore you didn't buy it
O rol escrito não tinha	It was not written on the paper
Quem sabe é Mariquinha	But it is Mariquinha who knows
O objeto que faltou.	The item that was missing.

José botou o cavalo	José hitched his horse
Pelo lado do portão	To the side of the big gate
Mariquinha veio sorrindo	Mariquinha came with a big smile
Com um bilhete na mão	With a note in her hand
Dizendo: José entenda	Saying: José, understand please
Me traga esta encomenda	Bring me this item
Que eu tenho precisão.	I really need it.

José chegou adiante	José went on ahead
Lembrou-se e foi olhar	Remembered and took a look
O bilhete dizia assim:	This is what the note said:
Eu nasci p'ra te amar	I was born to love you
Lhe entrego meu coração	I give you my heart
José de Sousa Leão	José de Sousa Leão
Tenhas dó do meu penar.	Take pity on my pain.

9

Os rapazes desta terra	The young men around here
Não me pedem em casamento.	Don't ask for my hand in marriage
Todos temem a meu pai	They all fear my father
Vivo neste sofrimento	And I live with this suffering
Sem carinho e sem agrado	Without love and affection
Meu pai é que é culpado	And my father is at fault.
Deste meu padecimento.	For this my suffering.
José soltou um gemido	José groaned
Fez o semblante mudado	And his expression changed
Os outros lhe perguntaram:	The others asked him:
Você está adoentado?	Are you getting sick?
José apalpou o pulso	José rubbed his wrist
Disse: Isso é um soluço	And said: I get worked up sometimes
Que eu tenho acostumado.	This just happens to me.
José dizia consigo:	José said to himself:
Que sorte é esta minha?	Can this be my luck?
Desgraçado é quem não morre	Unlucky is he who does not die
Pelo amor de Mariquinha	For the love of Mariquinha
Com meu gênio rijo e forte	But with my strong and firm character[65]
Troco a vida pela morte	I'll risk life and death
Chegando a sorte mesquinha.	Facing evil fortune.
José escreveu um bilhete	José wrote a note
Com dedicada atenção	With all due attention
Se confia em meu poder	Be confident in my strength
Eu juro em meu coração	I swear with all my heart
Por nosso Deus de Israel	By our God of Israel[66]
Sou teu amado fiel	I am your faithful lover
José de Sousa Leão.	José de Sousa Leão.

---

[65]   This is the famous "firmeza" or strong character, one of the most important attributes of all heroes of "cordel," past and present.

[66]   The Catholic tradition of "cordel" remains constant.

10

José prosseguiu dizendo	José continued saying
Por esta forma assim:	In this way:
De hoje a oito dias	In one week's time
Você espere por mim	Be waiting for me
Que eu chego num instante	I'll be there in an instant
De meia-noite em diante	A little after midnight
Lá no portão do jardim.	At the gate of the garden.
Vendo os cavalos a seu pai	I'm selling my horses to your father
E digo que vou embora	And I'll say that I am leaving
Deixo o cavalo melhor	I'll keep the best horse
Para levar a senhora	To take you my lady away
P'ras zonas do Cariri	To the lands of Cariri
E quero sair daqui	And I want to leave here
De meia-noite a uma hora.	From midnight to one o'clock a.m.[67]
Não convem que ninguém saiba	No one should know about this
Cuidado no capitão	And be careful with the Captain
Depois que eu sair daqui	After I leave here
Rumar ao alto sertão	Heading to the deep backlands
Minha volta é ruim	Returning would be disastrous
Ninguém vá contra mim	Don't let anything try to go against me
Porque perde na questão.	Because he will lose in the end.
José fingiu-se doente	José feigned sickness
Sofrendo de coração	Suffering from heart trouble
Com muita benevolência	With great consideration
Pediu para o capitão	He asked the Captain
Deixar ele ir embora	To allow him to depart
Qualquer hora	[The Captain said] Any hour is fine
Está a sua disposição.	Is fine with me.

---

[67] This is the famous carrying off of the heroine of "cordel:" its most famous case was when Lampião the infamous bandit hero took away his lover Maria Bonita, she seated behind him on the back of his horse. The scene also became an important theme depicted in the famous clay dolls [bonecos de barro] of the Northeast's rural markets in the 1960s and 1970s, products of popular artisans.

11

Devido ele estar doente	Due to the fact he was sick
O capitão combinou:	The Captain agreed:
Vá visitar os seus pais	Go visit your parents
José lhe disse: Eu vou	José told him: I'm going
Visitar o meu sertão	To visit my backlands
Até mesmo o capitão	Even the Captain
Lágrimas por ele botou.	Shed a few tears for him.
José de Sousa vendeu	José de Sousa sold
Oito cavalos que tinha	Eight of the horses he had
Fez um mil e oitocentos	He got a thousand, eight hundred
Então disse a Mariquinha:	Then he said to Mariquinha
Vamos até para a lua	We can go even to the moon
A minha sorte é a tua	My destiny is yours
E a tua sorte é minha.	And your destiny is mine.
O Capitão Oliveiros [68]	Capitão Oliveiros
Pagou-lhe todo ordenado	Paid him all his wages
O dinheiro dos cavalos	The money for the horses
E deu-lhe mais um agrado	And gave him a little bit besides
De cem-mil reis em dinheiro	One hundred mil-reis in cash[69]
E disse a um cangaceiro	And he said to one of his hired gunmen
José é um homem inteirado.	José is an honorable man.
O capitão deu a José	The Captain gave José
Um punhal e um facão	A dagger and a long knife
Um granadeiro velho	An old shotgun
Que parecia um canhão	That looked as big as a cannon
-- Tu diz a quem te venera	--Say to anyone who respects you
Que estavas mais uma fera	You were one more bloodthirsty killer
Mas era um lindo patrão.	But I was a good boss.

---

[68]   Is it a coincidence the poet gives the captain the same name as the famous knight of France as in the classic "Charlemagne and His Twelve Knights of France?" Câmara Cascudo says the story of Carlos Magno and his knights was the most popular story-book in all the sertão in the early 20th century.

[69]   "Mil-reis" was the Brazilian monetary unit early in the 20th century; the tip is a sizable amount.

12

José disse: Muito bem	José said: Very good
Eu fui bem gratificado	I feel quite gratified
Estou muito agradecido	I'm very obliged
Eternamente obrigado	And eternally thankful
Devo favores sem fim	I owe you no end of favors
E precisando de mim	And if you need me
Conte com um seu criado.	Count on this your servant.
O capitão conheceu	The Captain recognized
Que José tinha coragem	That José was courageous
José durante esse tempo	José at that moment
Pensava em sua imagem	Was thinking about his plan
Só ele e ela sabia	Only he and she knew
Até que chegou o dia	Until the day would arrive
De seguirem a viagem.	To begin their journey.
José de Sousa possuía	José Sousa Leão possessed
Um bom cavalo rodado	A fine, tested horse
Com arreios muito bons	With fine bridle and saddle
Estava bem preparado	He was well prepared
De cavalo e armamento	With horse and arms
O seu herói pensamento	His thoughts were heroic
Já tinha um plano formado.	He already had made a plan.
As onze horas da noite	At eleven o'clock at night
José chegou ao portão	José arrived at the gate
Mariquinha já estava	Mariquinha was already there
Com uma bolsa na mão	With her bag in her hand
Numa calçada que tinha	On a cobblestone stoop that was there
José montou Mariquinha	José helped her mount up
Rumaram ao alto sertão.	They headed to the high backlands.

13

Um cachorro da fazenda	One of the ranch dogs
Chamado de Espadarte	By the name of Swordfish[70]

---

[70]   The faithful dog, the best example "O Cachorro dos Mortos" by Leandro Gomes de Barros.

Acompanhou José	Accompanied José
José com o bacamarte	José with the blunderbuss
O facão e o punhal	The long knife and the dagger
Disse: Com esse animal	Said to himself: with this animal
Eu brigo em qualquer parte.	I can fight anywhere.[71]
Era uma noite de Outono	It was an Autumn night
A lua resplandecia	The moon was shining brightly
E as estrelas brilhavam	And the stars were shining
José de Sousa dizia	José de Souza said
A sua imagem adorada:	To his beloved consort:
Para a nossa jornada	For our journey
A noite é melhor do que o dia.	Nighttime is better than the day.
As seis horas da manhã	At six o'clock in the morning
José com a sua amante	José along with his lover
Saíram numa fazenda	Arrived at a ranch
Com vinte léguas distante	Twenty leagues distant
Tomaram leite e café	They drank coffee with milk
Mariquinha disse:	Mariquinha said:
José, cuidado, vamos adiante.	José, be careful, we better get along.
Se montaram depois	So they mounted up
Seguiram a mesma jornada	Continuing the same journey
Por um sertão esquisito	Through a strange backland
Onde não tinha morada	Where no one was living
Andaram uma semana	They traveled for a week
O tigre suçuarana	A brown panther
Vinha insultá-los na estrada.	Insulted them from the side of the road.

14	
Quase que morre de fome	They almost died of hunger

---

[71]   The role of the faithful dog, always heroic, is important in "cordel." The most famous case is the story-poem "Story of the Dog of the Dead" by Leandro Gomes de Barros, considered by some scholars to be the most successful cordelian story-poem ever by this famous poet, with nearly one million copies sold over the decades (See Orígenes Lessa, "Literatura Popular em Versos," Anhembi, dezembro, 1955, pp. 67-71.)

No interior do sertão	In the interior of the backlands
Numa grande travessia [72]	During the great crossing
Da Serra do Espigão	Of the Espigão Mountains
Mas Deus o auxiliou	But God helped him
Por felicidade achou	And luckily he found water
Água em um caldeirão.	In a pothole.
José de longe avistou	José from far away spotted
O penhaso dum rochedo	A boulder coming out of a cliff
E no pé da grande serra	And at the foot of a large mountain range
Continha grande arvoredo	That had a grove of trees at its base
Era um pé de trapiá	There was a Trapiá tree
José obrigou-se ir lá	José decided to stop there
Naquele enorme degredo.	In the middle of that wilderness.
As onze horas do dia	At eleven o'clock in the morning
José fez a refeição	José prepared their meal
Chegaram dois canguçus	Two jaguars came into view
Nessa mesma ocasião	At the very same time
Vinham esses canguçus	Those jaguars came
Arrebentando os bambus	Breaking through the bamboo
Que parecia um dragão.	Appearing like dragons,
Um partiu para José	One attacked José
Mas ele muito ligeiro	But he very quickly
Em cima do peito esquerdo	Above the left side of the chest
Disparou-lhe o granadeiro	Shot it with the grenadier
Ele tombou e caiu	The big cat fell to the ground
José de Sousa sorriu	José de Sousa just smiled

---

72 The word "travessia," "crossing" in English, is charged with meaning and emotion for the people of the backlands and in northeastern popular culture. It is associated with the heroic deed, a test of strength, courage and even the moral good. It is no coincidence that João Guimarães Rosa chose the same topic using similar words for equal purposes in his masterpiece "The Devil to Pay in the Backlands," ["Grande Sertão: Veredas"]. See Mark J. Curran, "Grande Sertão: Veredas" e a literatura de cordel" in Brazil/Brasil (Ano 8, n. 14, 1995), a study that garnered the Orígenes Lessa Literary Prize in Brasil in 1985. Of incidental interest the primary textbook for the study of Brazilian Portuguese in the United States in the 1980s was "Travessia."

Como um homem guerreiro.	Like a knight in war.[73]

15

O outro logo enfrentou	The other one then confronted
José de Sousa Leão	José de Sousa Leão
Logo da primeira tapa	And with the first blow of its paws
Tomou-lhe logo o facão	Tore the big knife from his hands
Mariquinha aí gritou:	Then Mariquinha shouted:
José o cachorro chegou	José, the dog is behind you
Segure o punhal na mão.	Take your dagger in your hand.

José puxou o punhal	José pulled out the dagger
Fez que nem deu cavaco	Not even appearing angry
A fera partiu para ele	The beast lunged at him
José como um macaco	José like a monkey
Veloz igual a giranda	Lightning quick in a flash
Torceu o corpo de banda	Twisted his body to the side
Cravou-lhe bem no suvaco.	And stabbed it under the shoulder.

O tigre deu um esturro	The jaguar roared
Que a terra estremeceu	It made the early tremble
O cachorro ferrou nela	The dog then bit into it
E o tigre esmoreceu	And the jaguar lost heart
José pegou-lhe na cauda	José grabbed it by the tail
Deu-lhe outra punhalada	Stabbing it once again
O tigre velho morreu.	And the old jaguar died.

José disse a Mariquinha:	José said to Mariquinha
É tarde vamos embora	It's late; let's get going
Mas outro homem não faz	There's not a man that can do
A cena que fiz agora	What I just did now
Em qualquer ato ruim	Any time I face evil
Basta eu ter por mim	It's enough for me
Jesus e Nossa Senhora.	To have Jesus and Lady by my side.[74]

---

[73]   We recall the Carlos Magno cycle of "cordel" and all its stories, "A Morte dos Dos Pares de França" one of them. Another "heroic" note to this romance.

[74]   José ever faithful to the religious beliefs of old "cordel."

16

José seguiu a viagem	José continued the journey
Quando foi no outro dia	When on the next day
Seu cavalo afracou	His horse began to grow weak
Numa grande travessia	In another great crossing
Com cem léguas distante	Now a hundred leagues distant
O seu cavalo importante	His horse so important
Morreu e não fez covardia.	Died and without cowardice.
Aonde o cavalo morreu	Where the horse died
Perto tinha uma choupana	There was a country shack nearby
Morava nela um caboclo	A mixed blood lived there
Chamado de Santana	By the name of Santana
Sem barba, calvo e franzido	With no beard, bald and wrinkled
E tinha um olho fuido	And with a stray eye
Sem um sinal de pestana.	And no sign of an eyelash.
José pediu ao caboclo:	José asked the mixed blood:
Eu quero aqui um lugar	I need a place here
Aonde ninguém me veja	Where no one can see me
Que eu possa descansar	Where I can rest
Desculpe eu incomodá-lo	Pardon the inconvenience
Vá me comprar um cavalo	Go buy me a horse
Custe lá o que custe.	Whatever it may cost.
Deu-lhe quinhentos mil-reis	He gave him 500 in money
Dizendo: eu confio em ti	Saying: I'm trusting you
Compre um cavalo bom	Buy me a good horse
Traga ele para aqui	And bring it here
Enquanto eu tenho descanso	When I'm rested up
Quero ver se alcanço	I'm going to see if I can get to
As terras do Cariri.	The lands of the Cariri.

17

O caboclo levou José	The mixed blook took José
Pra dentro dum palmeira	Into a grove of palms
E lhe disse: fi que aí	And he told him: stay here

Que não lhe sucede mal	No harm will come to you
Podem dormirem até	You can even go to sleep
Pediu dinheiro a José	He asked for the money from José
E foi comprar o animal.	And left to buy the animal.
José para a viagem	José for this journey
Tinha dinheiro na bolsa	Had money in his saddlebag
Coragem e disposição	Courage and the right disposition[75]
Robustez e muita força	Robust and very strong
Pra defender sua esposa	To defend his wife
Deixamos José de Sousa	Let's leave José de Sousa
Tratamos no pai da moça.	And talk about the girl's father.[76]
Quando o dia amanheceu	When the day dawned
O capitão foi narrar	The Captain went to tell
A falta que José faz	Of how much he missed José
Como hei de passar!	How can I get along without him!
Disse a velha: Mariquinha	The wife said: Mariquinha
Não está na camarinha	Is not in her room
Só mandando procurar.	You better have someone find her.
Faltam três vestidos dela	Three of her dresses are missing
O chapéu e a bolsinha	Her hat and her purse too
Ela em casa não está	She's not in the house
Já procurei na cozinha	I already looked in the kitchen
Não sei isto o que é	I'm not understanding this
... Meu velho foi José	--My husband, it had to be José
Que carregou Mariquinha.	Who carried off Mariquinha.

18

O capitão deu um urro	The Captain let out a roar
Que o sobrado estremeceu	Which shook the two-story house
U'a ama desmaiou	A maid fainted

---

[75] I can't help thinking of the book and movie "The Right Stuff" about the U.S. astronauts

[76] The change of scene is an important technique of cordelian heroic poetry, inherited from the epic tradition. Such changes of scene are famous, for example, in the great antecedent to "cordel," "The Story of Charlemagne and the Twelve Knights of France."

Uma moça adoeceu	A young girl fell sick
A negra ficou doente	The black slave sick as well
Tinha um leão na corrente	[The Captain] had a lion on a chain
Quebrou os ferros e correu.	It broke its locks and ran away.
Disparou um granadeiro	He fired off a grenadier
Que os rochedos abalaram	That shook the rocks
Vinte e cinco cangaceiros	Twenty-five hired gunmen
Na mesma hora chegaram	Arrived at the same time
Prontos para execução	Ready for orders
-- O que há Capitão?	--What's going on, Captain?
Todos assim perguntaram.	They all asked at once.
O Capitão Oliveiros	Captain Oliveiros
Disse: o diabo se soltou	Said: the devil's on the loose[77]
O cabra José de Sousa	The cowhand José de Sousa
Que sempre me trabalhou	Who always worked for me
Me carregou Mariquinha	Carried off my Mariquinha[78]
Tanto amor que eu lhe tinha	So much love I had for him
Vejam como me pagou.	See how he repaid me.
Um cabra lhe disse: qual	A gunman said to him: well,
Não é nada capitão	It's nothing, Captain
O que quiser que se faça	Whatever you want done
Nos dê as ordens patrão ...	Just give us the order, Patrón
O captião deu uns ais	The Captain groaned
Dizendo: sigam atrás	Saying: Go after
Daquele cabra ladrão.	That thieving bastard.

19

Matem aquela infeliz	Kill that unlucky daughter
Deixem o urubu comer	Let the vultures eat her
E matem José de Sousa	And kill José de Sousa

---

[77] A standard saying in old "cordel."

[78] The Captain's anger is no less than the Count of "O Pavão Misterioso" when Evangelista carried off his only daughter Creuza on the magic peacock. In the backlands of the Northeast it was the trusty horse, hero in front, heroine ensconced behind him. All the stories reflect each other.

Suceda o que suceder	Whatever may happen
Não faça gosto a nenhum	Don't spare either one
A orelha de cada um	An ear from each one
É só o que quero ver.	That's all I want to see.
Cinco cabras dos perversos	Five of the most perverse gunmen
Seguiram pela batida	Immediately hit the trail
Dizendo: vamos pegá-los	Saying: let's catch them
No descanso ou na dormida	While they rest or sleep
... Daqui para o Ceará ...	... Anywhere from here to Ceará
E o capitão ficou lá	And the Captain remained behind
Como fera destemida.	Like a fearless wild beast.
Prosseguiram o roteiro	They followed the trail
Pela mesma travessia	Through the same wild crossing
Com 4 dias e meio	For four days and a half
As 11 horas do dia	At eleven o'clock in the morning
Quase no fim da semana	Almost at the end of the week
Saíram na tal choupana	They arrived at the same shack
Que o caboclo residia.	Where the mixed blood lived.
Perguntaram ao caboclo:	They asked the mixed blood:
Quem foi que passou aqui	Who is it that came this way
De ontem para hoje?	Sometime from yesterday to now?
Disse o caboclo: eu vi	The mixed blood said: I saw them
E estão ali por trás	They are still out there in back
Uma moça e um rapaz	A young girl and a boy
Que vão para o Cariri.	Who are going to the Cariri.

20

O caboclo foi mostrá-lo	The mixed blood went to show them
Como falso traiçoeiro	Like the false traitor he was
Dizendo ele: José more	Saying to himself: José dies
E eu fico com o dinheiro	And I keep the money
Com este plano os mostrou	With this plan he showed them
Mas o feitiço virou	But the tables were turned

Por cima do feitceiro.[79]

José disse: Mariquinha
Creio que estamos cercados
Com cabras do capitão
Se deite e tome cuidado
Que vou enfrentar a luta
Aqui dentro desta gruta
Eu brigo com entusiasmo.

Os cabras lhe detonaram
Cinco tiros de uma vez
José de Sousa Leão
Deitou-se com rapidez
Fez tática para não morrer
Faz pena ouvir-se dizer
O estrago que José fez.

José de Sousa gritou:
Abram os olhos canalha
Vinte cabras de vocês
Inda não me atrapalha
Disparou-lhe o granadeiro
Matou até o derradeiro
Só um tiro de metralha.

21
O caboclo estava perto
Vendo a destruição
Disse: oh José danado!
Aquele home é o cão
Eu aqui não fico em paz

On him.[80]

José said: Mariquinha
I think we are surrounded
By the Captain's gunmen
Get down and be careful
I'm going to face the battle
Here in these rocks
I'll relish the fight.

The gunmen fired their guns
Five shots at a time
José de Sousa Leão
Ducked down quickly
A tactic to avoid dying
It's a pity to even hear
The destruction he brought upon them.

José de Sousa shouted:
Open your eyes you knaves[81]
Twenty of the likes of you gunslingers
Can't even do me in
He leveled his grenadier at them
And killed them all
It was like shots from a machine gun.

The mixed blood was nearby
Seeing all the destruction
Said: Oh! that incredible José
That man is the devil himself
There's no peace here for me

---

[79] The last two lines of verse in Portuguese are a well-known aphorism in Brazilian Portuguese.

[80]

[81] Common language in the story – poems of the "valentes" or "cangaceiros," it reminds of the famous "O Valente Vilela."

O cachorro correu atrás	The dog went after him[82]
Bateu com ele no chão.	And threw him to the ground.
O miserável caboclo	The mixed blood shouted
Gritava de fazer dó	Enough to make you pity him
José de Sousa na beca	José de Sousa at his throat
E o cachorro no mocotó	And the dog at his leg
Também atrás de rasgá-lo	Tearing at him from behind
José antes de matá-lo	José before killing him
Deu-lhe muito de cipó.	Gave him a good thrashing.
José desceu o facão então	José brought the knife down
Abriu-lhe a cabeça bem	Splitting open his head
Disse a Mariquinha:	He said to Mariquinha:
Um facão assim convem	A knife like this is useful[83]
Agora estou descansado	Now I'm at peace
Este caboclo danado	This damned mixed blood
Não é mais falso a ninguém.	Won't be false to anyone again.[84]
Mariquinha se vexou	Mariquinha became upset
Clamando a sorte dela	Lamenting her bad luck
José entrar em trabalho	José going into action
Numa batalha daquela	In a battle like that
Com pena de seu amante	Fearing for her lover
Eu achei interessante	I thought it was interesting
O que José disse a ela.	What José said to her.[85]

22

José disse: Mariquinha	Jose said: Mariquinha
Não queira se arrepender	Don't regret what you've done

---

82   A bit different action, but no reader of "cordel" is not reminded of brave Calar, "O Cachorro dos Mortos."

83   Understatement in "cordel." Unusual and fun.

84   "Falsedade" or lying, another of the "mortal sins" of the villain of "cordel," we recall Galalão.

85   I love this wonderful "aside" from the poet, common in such texts. I heard such asides often when witnessing the poets reciting or "singing" their poems in the marketplace before avid crowds. The text becomes more interesting with the first-person observance of the poet.

Quem vai ao campo de luta	He who enters the field of battle
Perde o medo de morrer	Loses his fear of death
Eu brigo com um batalhão	I'll take on an entire battalion
Mato até o capitão	I'll even kill the captain
Me desgraço por você.	I'll make myself wretched for you.
Nós vamos agora mesmo	Let's head right now
Aquela povoação	To the nearest town over there
Casaremos com brevidade	In a little while we will be married
De lá vamos ao capitão	From there we will go to the Captain
Com a maior brevidade	And in the shortest time
Por gosto ou contra vontade	For or against his will
Ele lhe bota a benção.	He will give you his blessing.
Chegaram em São Francisco	They arrived [at the town] of São Francisco
Se dirigiram a Matriz	And went directly to the church
O sacristão foi urgente	The sacristan ran urgently
Chamar o Padre Luís	To get Father Luís
Ele fez o casamento	He performed the marriage
Receberam o sacramento	They received the Sacrament
Oh! Que momento feliz!	Oh! What a happy moment.
O delegado local perguntou	The local sheriff asked
José de Sousa quem era	José de Sousa who he was
José disse: Sou um ente	José said: I'm a person
Pior que a besta-fera	Worse than the devil himself
Não presto nem pra morrer	I'm not even fit to die
O delegado disse: O quê?	The sheriff said: What?
Estou falando deveras.	I'm speaking the truth.

23

José de Sousa ameaçou-lhe	José de Sousa threatened him
Na boca do granadeiro	At the business end of his gun
O delegado disse: vote	The sheriff said: I swear
Este homem é cangaceiro	This man is an armed bandit
O padre correu da matriz	The priest ran from the church
Assombradíssimo não quis	Astonished with fear he refused

Mais receber o dinheiro.	To take any more money.
José de Sousa seguiu	José continued the journey
Não achou com quem brigar	Finding no one willing to fight him
Dizia: tenho certeza	He said: I'm certain
Que vou matar ou morrer	That I'm going to kill or be killed
Se o espírito não me engana	And if I'm not mistaken
Eu sei que o velho se dana	I know that the Captain will be furious
Na hora que eu chegar.	At the moment I arrived.
José tinha comprado	José had bought
Outro cavalo passeiro	Another riding horse
Quase bom que o outro	Almost as fine as the first one
Que galgava o taboleiro	That ran like lightning along the way
Moderno, brando e macio	New, reining in well, easy to ride
José disse: eu confio	José said to himself: I trust
Somente no granadeiro.	Only my grenadier.
O capitão tinha pedido	The Captain had asked for
Uma xícara de café	A cup of coffee[86]
Assentado na terraça	Seated out on the terrace
Quando ouviu um tropé	When he heard horses arriving
De casa se aproximava	Coming closer to the house
Lá vinha urgente chegando	There came in a hurry, drawing closer
Mariquinha mais José.	Mariquinha as well as José.

24

José urgente saltou	José rapidly leapt
Do seu cavalo no chão	From his horse to the ground
Escalou o granadeiro	He pointed the barrel of the grenadier
Em cima do capitão	Directly at the Captain
Fazendo uma manilha	Swinging it back and forth
Bote a benção em sua filha	Give your daughter your blessing
Me diga se bota ou não.	Tell me if you will do it or not.
O capitão disse: eu boto	The Captain said: I'll give it
A velha disse: eu também	The wife said: I as well

---

[86]   Coffee! All is well. Not this time.

Abraçaram-se ali todos	All embraced each other
O capitão disse: bem	The Captain said: Well,
Agora bateu o jogo	The game's come to an end
És meu genro e eu teu sogro	You're my son-in-law; I'm your father-in-law
Nas horas de Deus. Amém.	Blessed be God, Amen!
A velha abraçou José	The Captain's wife embraced José
Deu-lhe um aperto de mão	And shook his hand
O velho também lhe disse:	The Captain also told him:
Agora não há questão	There's no longer any problem
José é rapaz direto	José is a decent young man
Estou muito satisfeito	I'm very happy
Temos um genro valentão.	We have such a valiant son-in-law.
Oliveiros de Vasconcelos	Oliveiros de Vasconcelos
Era o nome do capitão	Was the Captain's name
A sua esposa Dalila	His wife was Dalila
Maria da Conceição	Maria da Conceição
Maria Nunes Clemente	Maria Nunes Clemente
Era a mulher do valente	Was the wife of the valiant
José de Sousa Leão.	José de Sousa Leão.
Fim	The End

V.
—⠶—

O ROMANCE DO PAVÃO MISTERIOSO

THE ROMANCE OF THE MYSTERIOUS PEACOCK
João Melchíades Ferreira[87]

---

[87] This poem, some say the best-seller of all "cordel," stirred up more controversy as well as to the true author. There are many stories, debates, defenders, etc. One version is that the true author is José Camelo de Melo Resende and that João Melchíades Ferreira de Silva later did his own version which became more popular. Another version has it that João Melchíades indeed did write it, but José Camelo then did his own version which became the famous one. I read angry report on both counts. My advice: just enjoy this phenomenal story – poem from perhaps 1923.

I choose to end this anthology with the story – poem perhaps known as "cordel's" most popular, at least at the beginning of the twentieth century. It became the emblematic "história" of the "Cem Anos de Cordel in São Paulo" in 2001, curated by the renowned scholar Joseph Luyten and national journalistic celebrity Audálio Dantas.[88]

Below is a photo of the "Pavão" at the exposition and a photo of the artist who did the "gravura" for the exposition, José Lourenço from Ceará.

Justice was done. The "Cem Anos" Exposition at the SESC-POMPEIA in São Paulo was extended for months beyond the original plan and literally hundreds of thousands of Brazilians came, were either introduced to the "literatura de cordel" or basked in their memories of its tradition. I have written I never saw before or since such success for "cordel" in Brazil. Fittingly, the "Pavão" was the star.

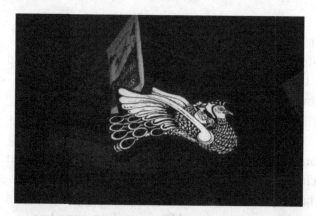

---

[88]   I have written elsewhere in great detail how this moment in 2001 was so important in my life, in a way, the culmination of research in Brazil. Joseph Luyten was a long-time friend and colleague. Audálio Dantas hosted me as curator and became a wonderful friend; he was/is one of my favorite Brazilians. See my book "Diary of a North American Researcher in Brazil III" for the whole story.

2024. O PAVAO MISTERIOSO
THE MYSTERIOUS PEACOCK
Autor: José Camelo de Melo Resende (Attributed also to João Melchíades Ferreira da Silva)

1

Eu vou contar uma história	I'm going to tell a story
De um Pavão Misterioso	Of a Mysterious Peacock
Que levantou vôo na Grécia	That started its flight in Greece
Raptando uma Condessa	Carrying off a Countess
Filha d'um Conde orgulhoso.	Daughter of a too proud Count.

Residia na Turquia	There lived in Turkey
Um viuvo capitalista	A capitalist widower
Pai de dois filhos solteiros	Father of two bachelor sons
O mais velho João Batista	The oldest João Batista
Então o filho mais novo	So, the youngest son
Se chamava Evangelista.	Was called Evangelista.

O velho Turco era dono	The old Turk was the owner
D'uma fábrica de tecidos	Of a factory of dry goods, weavings
Com largas propriedades	Owner of many properties
Dinheiros e bons possuídos	Money and possessions
Deu de herança a seus filhos	All given as an inheritance to his sons
Porque eram bem unidos.	Because they got along well.

Depois que o velho morreu	After the old man died
Fizeram combinação	They made an agreement
Porque o tal João Batista	Because João Batista
Concordou com seu irmão	Agreed with his brother
E foram negociar	And they continued the business
Na mais perfeita união.	In the most perfect unity.

Um dia João Batista	One day João Batista
Pensou pela vaidade	Thinking out of vanity
E disse a Evangelista:	And he said to Evangelista
-Meu mano eu tenho vontade	Brother, I would like
De visitar o estrangeiro	To go abroad
Se não te deixar saudade.	If you won't miss me so much.

2

Olha que nossa riqueza	Look, our wealth
Se acha muito aumentada	Has grown significantly
E dessa nossa fortuna	And from our fortune
Ainda não gozei nada	I have not enjoyed a bit
Portanto convém qu'eu passe	Therefore it's fitting for me
Um ano em terra afastada.	To spend one year in a far-off land.
Respondeu Evangelista:	Evangelista answered:
--Vai que eu ficarei	--Go ahead and go, I'll remain
Regendo nossos negócios	Managing our business affairs
Como sempre trabalhei	Like I've always worked
Garanto que nossos bens	I guarantee our possessions
Com cuidado os zelarei.	I will watch over them carefully.
--Quero fazer-te um pedido	-- I do have one request for you
Procure no estrangeiro	Search in your travels
Um objeto bonito	A pretty something
Só para rapaz solteiro	Just for a young bachelor
Trás para mim de presente	Bring it home to me as a present
Embora custe dinheiro.	And damned the cost!
João Batista prometeu	João Batista promised
Com muita boa intenção	With very good intentions
De comprar um objeto	To buy a gift
De gusto de seu irmão	That would please his brother
Então tomou um paquete	He then boarded a ship
E seguiu para o Japão.	Heading for Japan.
João Batista no Japão	João Batista in Japan
Esteve seis meses somente	Spent just six months
Gozando naquele império	Enjoying that empire
Percorreu o Oriente	He traversed the Orient
Depois voltou para Grécia	And then returned via Greece
Outro país diferente.	Another different country.

3

João Batista entrou na Grécia	João Batista entered Greece
Divertiu-se em passear	Entertained himself in tourism
Comprou passagem de bordo	He bought return passage
E quando ia embarcar	And was ready to embark
Ouviu um grego dizer:	When he heard a Greek man say:
--Acho bom se demorar.	It may be a good idea to delay.
João Batista interrogou:	João Batista asked:
--Amigo, fale a verdade	-- Friend, tell me the truth
Por qual motivo o senhor	For what reason, senhor
Manda eu ficar na cidade?	Do you order me to stay in the city?
Disse o grego: vai haver	The Greek said: there is going to take place
Uma grande novidade.	A great, new event.
--Mora aqui nesta cidade	There lives here in this city
Um Conde muito valente	A very tough Count
Mais soberbo do que Nero	More arrogant than Nero
Pai de uma filha somente	Father of just one daughter
É a moça mais bonita	She is the most beautiful young lady
Que há no tempo presente.	Of these our times.
--E a moça em que eu falo	-- And the girl I speak of
Filha do pai potentado	Is the daughter of the powerful father
O Pai tem ela escondida	The father has her hidden
Em um quarto do sobrado	In a room in the mansion
Chama-se Creuza e criou-se	Her name is Creuza and she was raised
Sem nunca ter passeado.	Never allowed to wander freely.
--De ano em ano essa moça	-- Each year that young lady
Bota a cabeça de fora	Shows her head out the window
Para o povo adorá-la	So the people may adore her
No espaço de uma hora	In the space of just one hour
Para ser vista outra vez	To be seen again
Tem um ano de demora.	There is an entire year to wait.

4

O Conde não consentiu	The Count never allowed
Outro homem educá-la	Any other man to raise her
Só ele como pai dela	Only he, just as her father
Teve o poder de ensiná-la	Had the authority to teach her
E será morto o criado	And the servant will die
Que dela ouvir a fala.	Who has even heard her speak.
--Os estrangeiros têm vindo	-- Foreigners have come
Tomarem conhecimento	Just to witness the event
Amanhã ela aparece	Tomorrow she will appear
No grande ajuntamento	In the huge compound
É proibido pedir-se	It is prohibited to ask for
A mão em casamento.	Her hand in marriage.
Então disse João Batista:	So then João Batista said
--Agora vou demorar	-- So indeed I will now delay
Para ver essa condessa	In order to see that countess
Estrela deste lugar	A star in this place
Quando eu chegar a Turquia	When I return to Turkey
Tenho muito o que contar.	I will have much to tell.
Logo no segundo dia	Later on the second day
Creuza saiu na Janela	Creuza appeared at her window
Os fotógrafos se vexaram	The members of the press were vexed[89]
Tirando o retrato dela	Trying to take her photo
Quando inteirou uma hora	After an hour had passed
Desapareceu a donzela	The maiden disappeared.
João Batista viu depois	João Batista saw later
Um retratista vendendo	A portrait artist selling
Alguns retratos de Creuza	Some portraits of Creuza
Vexou-se e foi lhe dizendo:	Feeling tormented he said to him:
--Quanto quer pelo retrato?	--How much do you want for the portrait?

---

[89] I love the anachronisms in "cordel;" this is one of them. I don't believe there were photographers in those times. It is like the time we could see an airplane in the sky in an old Hollywood "oater" [B western]. Or maybe not.

| Porque comprá-lo pretendo. | Because I intend to buy it. |

5

O fotógrafo respondeu:	The photographer answered:
--Lhe custa um conto de réis	-- It will cost you a "conto de réis"[90]
João Batista ainda disse:	João Batista then said:
--Eu compro até por dez	I'll buy it for ten.
Se o dinheiro não der	If the money isn't enough
Empenharei os anéis.	I'll pawn my rings.

João Batista voltou	João Batista returned
Da Grécia para Turquia	From Greece to Turkey
E quando chegou em Meca	And when he arrived in Meca[91]
Cidade em que residia	The city where he lived
Seu mano Evangelista	His brother Evangelista
Banqueteou o seu dia.	Celebrated with a banquet.

Então disse Evangelista;	Then Evangelista said:
--Meu mano vá me contando	My brother, please tell me
Se visse coisas bonitas	If you saw beautiful things
Onde andaste passeando	In the places you visited
O que me tráz de presente	And what present you brought me
Vá logo me entregando	Please give it to me now.

Respondeu João Batista:	João Batista answered:
--Para ti trouxe um retrato	--For you I brought a portrait
D'uma condessa da Grécia	Of a Grecian countess
Moça que tem fino trato	A young lady of high class
Custou-me um conto de réis	It cost me a thousand dollars
Ainda achei muito barato.	And I think even that was cheap.

---

[90]   A "conto de réis" the money in days of the Empire in Brazil was a huge amount of money, approximately one thousand dollars today. This is before 1889. Another thought: the people who wrote "folhetos" de cordel and sold them in the marketplaces in the old northeast were all familiar with the "lambe-lambes" old box camera photographers with black cloth over the camera who would take black and white pictures of the hillbillies in the markets.

[91]   Great! Another cordelian poet fantasy. Intended? Probably not. But great fun. Mecca is in Saudi Arabia, Islam's holiest site!

Respondeu Evangelista	Evangelista answered
Depois d'uma gargalhada:	After hearty laughter:
Neste caso meu irmão	In that case dear brother
P'ra mim não trouxe nada	To me you brought nothing
Pois retrato de mulher	For a woman's picture
É coisa bastante usada.	Is pretty commonplace.

6	
--Sei que tem muitos retratos	I know there are thousands of pictures
Mas como o que trouxe não	But none are like the one I brought
Vais agora examiná-lo	You are going to see it now
Entrego em tua mão	I place it in your hands
Quando veres a beleza	When you see such beauty
Mudarás de opinião.	You will change your mind.

João Batista retirou	João Batista took
O retrato de uma mala	The picture from a suitcase
Entregou ao rapaz	He gave it to the young man
Que estava de pé na sala	Who was standing in the room
Quando ele viu o retrato	When he saw the picture
Quiz falar tremeu a fala.	He tried to speak but his voice trembled.

Evangelista voltou	Evangelista turned
Com o retrato na mão	With the portrait in his hand
Tremendo quase assustado	Trembling, almost with fright
Perguntou ao seu irmão	He asked his brother
Se a moça do retrato	If the girl in the portrait
Tinha aquela perfeição.	Was really such a picture of perfection.

Respondeu João Batista:	João Batista answered:
Creuza é muito mais Formosa	Creuza is much more beautiful
Do que o retrato dela	Than the picture of her
Em Beleza é preciosa	Her beauty is precious
Tem o corpo desenhado	Her body is designed
Por u'a mão milagrosa.	By a miraculous hand.

João Batista perguntou:	João Batista asked:

Fazendo um ar de riso:
--Que é isto meu irmão?
Queres perdeu o juízo?
Já vi que este retrato
Vai te causar prejuízo.

In a joking, laughing way:
--What's going on my brother?
Do you want to lose your mind?
I can see this picture
Is going to do your harm.

7

Respondeu Evangelista
--Pois meu irmão eu te digo
Vou sair de meus país
Não posso ficar contigo
Pois a moça do retrato
Deixou-me a vida em perigo.

Evangelista answered
--Well, my brother, I can tell you
I'm going to leave my country
I no longer can stay with you
Since the girl in the picture
Left my life in danger.

João Batista falou sério:
--Precipício não convém
De que te serve ir embora
Por êste mundo além
Em procura de u'a moça
Que não casa com ninguém?

João Batista spoke seriously:
--Jumping off a cliff isn't right
How does it help you to leave
And go far off into the world
Searching for a girl
Who will marry no one?

--Teu conselho não me serve
Estou impressionado
Rapaz sem moça bonita
É um desventurado
Se eu não casar com Creusa
Findo meus dias enforcado.

-- Your advice does not suit me
I'm just shocked
A young man without a beautiful girl
Is a lost soul
If I don't marry Creuza
I'll end up hanging myself.

--Vamos partir a riqueza
Que tenho necessidade
Dar balanço no dinheiro
Porque eu quero a metade
O que não posso levar
Dou-te de bõa vontade.

-- Let's divide our riches
Since I need
To know how much money there is
Because I want half of it
And what I can't take with me
I'll freely give to you.

Deram balanço no dinheiro
Só três milhões encontraram

They tallied up the money
And came up with just three million

Tocou dois a Evangelista	Two went to Evangelista
Conforme se combinaram	According to their settlement
Com relação ao negócio	With relation to the family business
Da Firma se desligaram.	And they closed down the Firm.

8

Despediu-se Evangelista	Evangelista said goodbye
Abraçou o seu irmão	He embraced his brother
Chorando um pelo outro	Each of them in tears
Na triste separação	At the moment of the sad separation
Seguindo um para Grécia	One departing for Greece
Em uma embarcação.	On an ocean liner.

Logo que chegou na Grécia	After arriving in Greece
Hospedou-se Evangelista	Evangelista sought lodging
Em um hotel dos mais pobres	In one of the poorest hotels
Negando assim sua pista	Thus covering his trail
Só para ninguém saber	So that no one would know
Que era um capitalista.	That he was a true capitalist.

Ali passou oito meses	He spent eight months there
Sem se dar a conhecer	Without revealing his identity to anyone
Sempre andando disfarçado	Always going about disguised
Só para ninguém saber	So that no one would know
Até que chegou o dia	Until the day arrived
Da donzela aparecer.	For the maiden to appear.

Os hotéis já se achavam	The hotels were now filled
Repletos de passageiros	Booked full with travelers
Passeavam pela praças	There strolled through the plazas
Os grupos de cavalheiros	The groups of fine gentlemen
Havia muitos fidalgos	There were many men of high birth
Chegados dos estrangeiros.	Arriving from far off lands.

As duas horas da tarde	At two o'clock in the afternoon
Creuza saiu a Janela	Creuza appeared at her window
Mostrando a sua Beleza	Showing her great beauty

Entre o Conde e a mãe dela
Todos tiraram o chapéu
Em continência a donzela.

9
Quando Evangelista viu
O brilho da boniteza
Disse: vejo que meu mano
Quiz me falar com franqueza
Pois esta gentil donzela
É rainha da Beleza.

Evangelista voltou
Aonde estava hospedado
Como não falou com a moça
Estava contrariado
Foi inventor uma idéia
Que lhe desse resultado.

No outro dia saiu
Passeando Evangelista
Encontrou-se na cidade
Com um moço jornalista
Perguntou se não havia
Naquela praça um artista.

Respondeu o jornalista:
Tem o doutor Edmundo
Na Rua dos Operários
É engenheiro profundo
Para inventor maquinismo
É ele o maior do mundo.

Evangelista entrou
Na casa do engenheiro
Falando em língua grego
Negando ser estrangeiro

Standing between the Count and her mother
All removed their hats
In homage to the maiden.

When Evangelista saw
The brilliance of her beauty
He said: I see what my brother
Wanted to say so frankly to me
Indeed this fine maiden
Is the queen of all beauty.

Evangelista returned
To where he was lodging
Since he could not speak to the girl
He was quite upset
He came up with an idea
That might bring him success..

The next day
Evangelista went walking
He encountered in the city
A young newspaperman
He asked if there might be
An artist in that plaza.

The journalist answered
Well, there is Dr. Edmundo
On Workers Street
He is a well-known engineer
For inventing machines
He's the best in the world.

Evangelista went in
To the engineer's house
Speaking in Greek
Not revealing he was a foreigner

Lhe propôs um bom negócio	He propsed a good business offer
Lhe oferecendo dinheiro.	Offering a good deal of money.

10

Assim disse Evangelista:	This is what Evangelista said:
--Meu engenheiro famoso	--My famous engineer
Primeiro vá me dizendo	First tell me please
Se não é homem medroso	You are not a fearful man
Porque eu quero ajustar	Because I would like to offer
Um negócio avantajoso	A very advantageous arrangement.
Respondeu-lhe o Edmundo	Edmundo answered him
Na arte não tenho medo	In my art I have no fear
Mas vejo que o amigo	But I can see that you my friend
Quer um negócio em segrêdo	Want a secret business deal
Como precisa de mim	Since you seem to need me
Conte-me lá este enrêdo.	Tell me about your plot.
--Eu amo a filha do conde	-- I am in love with the Count's daughter
A mais formosa mulher	The most beautiful woman
Se o doutor inventor	If you, Doctor, can invent
Um aparelho qualquer	Some kind of a way
Q'eu possa falar com ela	For me to speak with her
Pago o que o senhor quizer.	I'll pay you anything you want.
--Eu aceito o seu contrato	-- I accept your offer
Mas preciso lhe avisar	But I need to tell you
Que vou trabalhar seis meses	I'll be working for six months
O senhor vai esperar	You sir will have to wait
É obra desconhecida	It is an unknown object
Que agora vou inventar.	That I now am going to invent.
--Quer dinheiro adiantado?	-- Do you want money up front?
Eu pago neste momento.	I can pay right now.
--Não senhor, ainda é cedo	No, sir, it's still early
Quando terminar o invento	When I finish the invention
É que eu lhe digo o preço	Then I can tell you the price

Quanto custa o pagamento.	How much the payment will be.

11

Enquanto Evangelista	While Evangelista
Impaciente esperava	Waited impatiently
O engenheiro Edmundo	The Engineer Edmundo
Toda noite trabalhava	Worked every night
Oculto em sua oficina	Hidden in his shop
E ninguém adivinhava	And no one had any idea.

O grande artista Edmundo	The great artist Edmundo
Desenhou nova invenção	Drew up a new invention
Fazendo um aeroplano	Creating an airplane
De pequena dimensão	Small in its size
Fabricado de alumínio	Made out of aluminum
Com importante armação.	With an important frame.

Movido a motor elétrico	Propelled by an electric motor
Depósito de gasoline	With a gas tank
Com locomoção macia	With very smooth locomotion
Que no fazia buzina	With no honking of a horn
A obra mais importante	The most important object
Que fez em sua oficina.	Ever made in his shop.

Tinha cauda como leque	It had a tail like a fan
E azas como pavão	And wings like a peacock
Pescoço, cabeça e bico	Neck, head and beak
Lavanca, chave e botão	Levers, key and starting button
Voava igualmente ao vento	It flew like the wind
Para qualquer direção.	In any direction.

Quando Edmundo findou	When Edmundo finished
Disse a Evangelista:	He said to Evangelista:
--Sua obra está perfeita	-- Your product is perfect
Ficou com bonita vista	It was beautiful to see
O senhor tem que saber	Sir, you have to know
Que Edmundo é artista.	That Edmundo is a true artist.

12

--Eu fiz um aeroplano	I made an airplane
Da forma de um pavão	In the shape of a peacock
Que arma e se desarma	Which fits together and comes apart
Comprimindo em um botão	By just pushing a button
E carrega doze arroubas	And can carry 300 pounds
Três léguas acima do chão.	Three leagues in the air.
Foram experimentar	They went to test
Se tinha geito o pavão	If the peacock really worked
Abriram alavanca e chave	They moved the stick turned the key
Encarcaram num botão	Then pushed the starter button
O monstro girou suspenso	The monster swung suspended
Maneiro como balão.	As smooth as a balloon.
O pavão de azas abertas	The peacock with open wings
Partiu com velocidade	Took off with great speed
Cortando todo espaço	Cutting through the sky
Muito acima da cidade	High above the city
Como era meia noite	Since it was midnight
Voaram mesmo a vontade.	They flew without detection.
Então disse o engenheiro:	Then the engineer said:
--Já provei minha invenção	-- I just proved my invention
Fizemos a experiência	We did the test
Tome conta do pavão	The peacock is yours
Agora o senhor me paga	Now you sir can pay me
Sem promover discussão.	With no discussion necessary.
Perguntou Evangelista:	Evangelista asked:
Quanto custa seu invento?	How much does your invention cost?
--Dê-me cem contos de réis	-- Give me 100 "contos de réis"
Acha caro o pagamento?	Does that seem expensive to you?
O rapaz lhe respondeu:	The boy answered him:
--Acho pouco. Dou duzentos.	-- It's not enough. I'll give you 200.

13

Edmundo ainda deu-lhe	Edmundo also gave him
Mais uma serra azougada	A very sharp saw
Que serrava caibro e ripa	Which could cut rafters and slat strips
E não fazia zuada	And made no noise
Tinha os dentes igual navalha	It had saw teeth as sharp as a knife
De lâmina bem afiada.	Making a sharp blade.
Deu un lenço enigmático	He gave him a magic handkerchief
Que quando Creuza gritava	For when Creuza would shout out
Chamando pelo pai dela	Calling out for her father
Então o moço passava	Then the boy would place it
Ele no nariz da moça	Over the girl's nose
Com isso ela desmaiava.	And then she would faint.
Então o jovem turco	Then the young Turk said:
--Muito obrigado fiquei	-- Thank you so much I'm grateful
Do pavão e dos presentes	For the peacock and the presents
Para lutar me armei	I am well armed for battle
Amanhã a meia noite	Tomorrow at midnight
Com Creuza conversarei	I will be talking to Creuza.
A meia noite o pavão	At midnight the peacock
Do muro se levantou	Took off above the wall
Com as lâmpadas apagadas	With its lights turned off
Como uma flexa voou	It flew like an arrow
Bem no sobrado do conde	And in the center of the Count's palace
Na cumieira pousou.	Right on its top it landed.
Evangelista em silência	Evangelista in silence
Cinco telhas arredou	Removed five roof tiles
Um buraco de dois palmos	A hole two palms wide
Caibros e ripas serrou	Sawing through beams and trusses
E pendurando uma corda	And hanging a rope from them
Por ela se escorregou	He slipped down it.

14

Chegou no quarto de Creuza	He arrived in Creuza's room
Onde dormia a donzela	Where the maiden was sleeping
Debaixo d'um cortinado	Beneath a curtain like cover
Feito de seda amarela	Made of yellow silk
E êle para acorda-la	And he wanting to awaken her
Pôs a mão na testa dela.	Placed his hand on her head.
A donzela estremeceu	The maiden shivered
Acordou no mesmo instante	Awakening in the same instant
E viu um rapaz estranho	And saw a strange young man
De rosto muito elegante	With a very elegant face
Que sorria para ela	Who was smiling at her
Com um olhar fascinante.	With a fascinating look.
Então Creuza deu um grito	Than Creuza shouted out
Papai um desconhecido	Daddy, a stranger
Entrou aqui no meu quarto	Just came into my room
Sujeito muito atrevido	A very daring person
Venha depressa papai.	Como quickly Daddy
Pode ser algum bandido.	He may be a thief.
O rapaz lhe disse: moça	The boy said to her: young lady
Entre nós não há perigo	There is no danger for us
Estou pronto a defendê-la	I am ready to defend you
Como verdadeiro amigo	As a true friend
Venho a saber da senhora	I'm here to find out from you
Se quer casar-se comigo	If you want to marry me.
O jovem puxou o lenço	The young man pulled out the hanky
No nariz da moça encostou	And placed it over her nose
Deu uma vertigem na moça	It caused the girl to become dizzy
De repente desmaiou	And she suddenly fainted
E êle subiu na corda	Then he climbed up the rope
Chegando em cima tirou.	And gathered it in from above.

15

Ajeitou caibros e ripas	He put back the beams and boards
E consertou o telhado	And closed up the hole in the roof tiles
E montando em seu pavão	And climbing into his peacock
Voou bastante veixado	Flying away feeling very disturbed
Foi seconder o aparelho	He then hid the apparatus
Aonde foi fabricado.	Where it was fabricated.
O conde acordou aflito	The count woke up worried
Quando ouviu essa zuada	When he heard all the noise
Entrou no quarto da filha	He entered his daughter's room
Desembainou a espada	Unsheathing his sword
Encontrou-a sem sentido	He found her not alert
Dez minutos desmaiada.	And she had fainted ten minutes ago.
Percorreu todos os cantos	He searched all the nooks and crannies
Com a espada na mão	With his sword in his hand
Berrando e soltando pragas	Yelling and swearing in a loud voice
Colérico como um leão	Angry like a lion
Dizendo: --aonde encontrá-lo	Saying: --Wherever I find him
Eu mato esse ladrão.	I'll kill that thief.
Creuza disse-lhe: méu pai	Creuza said to him: My father
Pois eu vi em neste momento	What I saw in that moment
Um jovem rico e elegante	Was a rich and elegant young man
Me falando em casamento	Speaking to me about marriage
Não vi quando ele encantou-se	I did not see him magically disappear
Porque deu-me um passamento.	Because he gave me a potion.
Disse o conde: neste caso	The count said: in that case
Tu já estás a sonhar	You must have been dreaming
Moça de dezoito anos	An eighteen-year-old girl
Já pensando em se casar	Even thinking about getting married
Se aparecer casamento	If it comes to getting married
Eu saberei desmanchar.	I will know how to undo it.

16

Evangelista voltou	Evangelista returned
As duas da madrugada	At two o'clock in the morning
Assentou o seu pavão	He landed his peacock
Sem que fizesse zuado	Without making any noise
Desceu pela mesma trilha	He went down the same way
Na corda dependurado.	Sliding down the rope.
E Creuza estava deitada	And Creuza was lying down
Dormindo sono inocente	Asleep in an innocent dream
Ses cabelos como um véu	Her hair like a veil
Que enfeitava puramente	Combed purely
Como um anjo terreal	Like an angel on earth
Que tem lábios sorridente.	With a smile on her lips.
O rapaz muito sutil	The boy very subtly
Foi pegando na mão dela	Began to hold her hand
Então a moça assustou-se	Then the girl became frightened
Ele ganantiu a ela	He swore to her
Que não era malfasejo:	That he did not have bad intentions
--Não tenha medo donzela.	-- Do not be afraid young maiden.
A moça interrogou-o	The young girl asked him
Disse:--quem é o senhor?	Saying: --Who are you anyway?
Diz ele: sou estrangeiro	He says: I am a foreigner
Lhe consagrei grande amor	Swearing great love to you
Se não fores minha esposa	If you do not become my wife
A vida não tem valor.	Life will mean nothing to me.
Mas Creuza achou impossível	But Creuza thought it impossible
O moço entrar no sobrado	For the young man to enter the palace
Então perguntou a êle	Then she asked him
De que geito tinha entrado	How on earth had he got in
E disse: vai me dizendo	And she said: please tell me
Se és vivo ou encantado.	If you are alive or a ghost.

17

Como eu lhe tenho amizade	Since I want to be your friend
Me arrisco fora de hora	I take unimaginable risks
Moça não me negue o sim	Young lady, don't deny me your yes
A quem tanto lhe adora!	To someone who adores you so much
Creuza aí gritou – Papai	Creuza then shouted out – Daddy
Venha ver o homem agora,	Come now to see the man.
Ele passou-lhe o lenço	He covered her with the hanky
Ela caiu sem sentido	She fell down fainting
Então subiu na corda	He then climbed the rope
Por onde tinha descido	The one he had slid down on
Chegou em cima e disse:	He arrived to the roof and said:
O conde será vencido.	The Count will be defeated.
Ouviu-se tocar corneta	A trumpet's sound was heard
E o brado da sentinela	And the shout of the sentinel
O conde se dirigiu	The Count came down
Para o quarto da donzela	To the maiden's room
Viu a filha desmaiada	He saw his daughter fainted
Não poude falar com ela.	He could not speak to her.
Até que a moça tornou	Until the young girl came to
Disse o Conde: é um caso sério	The Count said: this is serious business
Sou um fidalgo tão rico	I a nobleman so rich
Atentado em meu critério	Attacked under my own roof
Mas nós vamos descobrir	But we are going to discover
O autor deste mistério.	The author of this mystery.
--Minha filha, eu já pensei	-- My daughter I just thought of
Em um plano bem sagaz	A very wise plan
Passa essa banha amarela	Put this yellow paint
Na cabeça deste audaz	On the face of this audacious fellow
Só assim descobriremos	Only then will we discover
Esse anjol ou satanaz.	If he is an angel or Satan.

18

Só sendo uma visão	Only if he is an imaginary vision
Que entra neste sobrado	Who enters into this palace
Só chega a meia noite	He only arrives at midnight
Entra e sai sem ser notado	He comes and goes without being seen
Se é gente desse mundo	If he is from this world
Use feitiço encantado.	He's using a magic potion.

Evangelista também	Evangelista also
Desarmou o seu pavão	Took apart his peacock
A cauda, a capota, o bico	The tail, the hood, the beak
Diminuiu o armação	He folded up the frame
Escondeu o seu motor	He hid the engine
Em um pequeno caixão.	In a small box.

Depois de sessenta dias	Sixty days later
Alta noite em nevoeiro	In the middle of a foggy night
Evangelista chegou	Evangelista came again
No seu pavão maneiro	In his "cool" peacock
Desceu no quarto da moça	He slid down to the girl's room
A seu modo traicoeiro.	In his treacherous way.

Já era a terceira vez	This now was the third time
Que Evangelista entrava	That Evangelista entered
No quarto que a condessa	Into the room where the countess
A noite se agasalhava	At night was sheltered
Pela força do amor	Out of pure love
O rapaz se arriscava.	The young man took these risks.

Com pouco a moça	In a little while the young girl
Foi logo dizendo assim:	Thusly began to say:
--Tu tens dito que me amas	--You have said you love me
Com um bemquerer sem fim	With unending love
Se me amas com respeito	If you love me with respect
Te sentas junto de mim.	Sit down closely to me.

19

Evangelista sentou-se	Evangelista sat down
Poz-de a conversar com ela	And began to talk to her
Trocando riso esperava	Exchanging laughter, he awaited
A resposta da donzela	The maiden's response
Ela pos-lhe a mão na testa	She put her hand on his head
Passou a banha amarela.	Spreading the yellow paint.
Depois Creuza levantou-se	Then Creuza got up
Com vontade de gritar	With a desire to shout out
O rapaz tocou-lhe o lenço	The boy covered her mouth with the hanky
Sentiu ela desmaiar	And felt her fainting
Deixou-a com uma sincope	He left her fainting
Tratou de se retirar.	And tried to escape.
E logo Evangelista	And Evangelista
Voando da cumieira	Flying from the summit
Foi esconder seu pavão	Went to hide his peacock
Nas folhas d'uma palmeira	In the leaves of a palm tree
Disse: -- na quarta viagem	He said: -- On the fourth try
Levo a condessa estrangeira.	I will take away the foreign countess.
Creuza então passou o resto	Creuza then spent the rest
Da noite mal sossegada	Of the night disturbed
Acordou pela manhã	She awoke in the morning
Meditava e cismada	Thinking and brooding
Se o pai não perguntasse	If her father did not ask
Ela não dizia nada.	She would say nothing.
Disse o conde: --minha filha	The Count said: -- My daughter
Parece ques estás doente?	It looks like you are sick?
Sofresse algum acesso	Did you have some intrusion
Porque teu olhar não mente	Because your look does not deceive
O tal rapaz encantado	That magical boy
Te apareceu certamente.	Must have appeared to you.

20

E Creuza disse: --papai	And Creuza said: -- Daddy
Eu cumpri o seu mandado	I did what you told me to do
O rapaz apareceu me	The boy did approach me
Mas achei-o delicado	But I found him to be docile
Passei-lhe a banha amarela	I put the yellow paint on him
E êle saiu marcado.	And he left with its mark on him.
O conde disse aos soldados	The Count said to his soldiers
Que a cidade patrulhassem	Go patrol the city
Tomassem os chapéus dos homens	Take off all the men's hats
Que nas ruas encountrassem	You encounter on the streets
Um de cabelo amarelo	Anyone with yellow hair
Ou rico ou pobre pegassem.	Rich or poor, get him.
Evangelista trajou-se	Evangelista dressed up
Com roupa de alugado	In mended clothing
Encontrou-se com a patrulha	He encountered the patrol
O seu chapéu foi tirado	They took off his hat
Viram o cabelo amarelo	They saw the yellow hair
Gritaram: --esteja intimado.	They shouted: -- You are under arrest.
Os soldados lhe disseram:	The soldiers said to him:
--Cidadão não estremeça	--Citizen, don't try to escape
Está preso a ordem do conde	You are under arrest at the Count's order
E é bom que não se cresça	And don't make any funny moves
Vai a presença do conde	Appear before the Count
Se é homem não esmoreça.	If you're a man, don't dismay.
--Você hoje vai provar	-- Today you are going to be tested
Por sus vida responde	And answer for your life
Como é que tem falado	How is it you have spoken
Com a filha de nosso conde	With the daughter of our Count
Quando ela lhe procura	When she wants to see you
Onde é que você esconde?	Where is it you hide?

21

Respondeu Evangelista	Evangelista responded:
--Também me faça um favor	--Also, do me a favor
Enquanto eu vou vestir	While I am dressing
Minha roupa superior	In my best clothing
Na classe de um homem rico	That of a rich man
Ninguém pisa meu valor.	No one challenges my valor.
Disseram: --pode mudar	They said: -- Go ahead and change
Sua roupa de nobreza	Into your clothes of nobility
A moça bem que dizia	The girl indeed had said
Que o rapaz tinha riqueza	That the boy had riches
Vamos ganhar umas luvas	We are going to earn some big money
E o conde uma surpresa.	And the count will get a surprise.
Seguiu logo Evangelista	Evangelista walked ahead
Conversando com o guarda	Talking to the guard
Até que se aproximaram	Until they drew near
Duma palmeira copada	To a palm tree canopy
Então disse Evangelista:	Then Evangelista said:
--Minha roupa está trepada.	My clothing is hanging on it.
E os soldados olharam	And the soldiers looked up
Em cima tinha um caixão	On the top there was a big box
Mandaram ele subir	They ordered him to climb up
E ficaram de prontidão	And they remained waiting
Pegaram a conversar	They were just talking
Prestando pouca atenção	Paying him little attention.
Evangelista subiu	Evangelista climbed up
Pôs um dedo num botão	Pushed a button with his finger
Seu pavão de alumínio	His aluminum peacock
Ergueu logo a armação	Immediately armed its frame
Dali foi se levantando	And went rising into the air from their
Seguiu voando o povão.	Flying over the guards below.

22

E os soldados gritaram:	And the soldiers shouted:
--Amigo, o senhor se desça	-- Friend, sir, come down
Deixe de tanta demora	Cease from so much delay
É bom que não aborreça	It's better to not irritate us
Senão por pouco uma bala	If not, soon a bullet
Visita sua cabeça.	May visit your head.
Então mandaram subir	Then they ordered to climb up
Um soldado de coragem	A courageous soldier
Disseram: --pegue na perna	They said: --grab him by the leg
Arraste com a folhagem	Drag him down with the palm leaves
Está passando da hora	It's past time
De voltar-mos da viagem.	For us to end this escapade.
Quando o soldado subiu	When the soldier climbed up
Gritou: -- Perdemos a ação	He shouted: -- We've lost the effort
Fugiu o moço voando	The boy fled flying away;
De longe vejo um pavão	I see from far off a peacock
Zombou de nossa patrulha	He made fun of our patrol
Aquele moço é o "cão."	That boy is a devil.
Voltaram e disseram ao conde	They returned and said to the Count:
Que o rapaz tinha encontrado	That they had found the boy
Mas no ôlho de uma palmeira	In the middle of a palm tree
O moço tinha voado	The boy had flown off
Disse o conde: --Pois é o "cao"	The count said: Well, he is the devil himself
Que com Creuza tem falado.	Who has spoken to Creuza.
Creuza sabendo da história	Creuza learning of what had happened
Chorava de arrependida	Fell into tears feeling sorry
Por ter marcado o rapaz	For having marked out the boy
Com banha desconhecida	With the hidden paint
Disse: --Nunca mais terei	She said: -- Never again will I have
Soçego na minha vida.	Calmness in my life.

23

Disse Creuza: --Ora, papai	Creuza said: -- Look, Daddy
Me priva da Liberdade	You are depriving me of my freedom
Não consente que eu goze	You do not even allow me to enjoy
A distração da cidade	The joys of the city
Vivo como criminosa	I live like a criminal
Sem gozar a mocidade.	Without enjoying the fruits of my youth.
--Aqui não tenho direito	--Here I don't even have the right
De falar com um criado	To speak with a servant
Um rapaz para me ver	A boy in order to see me
Precisa ser encantado	Needs to be a wizard
Mas talvez ainda eu fuja	But perhaps I may yet flee
Deste maldito sobrado.	From this damned palace.
--O rapaz que me amou	--The boy that declared love to me
Só queria vê-lo agora	I would just like to see him now
Para cair nos seus pés	To fall at this feet
Como uma infeliz que chora	An unhappy wretch who cries
Embora que eu depois	Even though that later
Morresse na mesma hora.	I might die at the same time.
--Eu sei que para ele	--I know that for him
Não mereço confiança	I deserve no trust
Quando êle vinha aqui	When he came here
Ainda eu tinha esperança	I still had hope
De sair deste prisão	To leave this prison
Onde estou desde criança	Where I have been since a child.[92]
As quatro da madrugada	At four o'clock in the morning
Evangelista desceu	Evangelista came down
Creuza estava acordada	Creuza was awakened
Nunc mais adormeceu	And would not fall asleep again
A moça estava chorando	The girl was crying
O rapaz lhe apareceu.	When the boy appeared before her.

---

[92]   Shades of the soliloquy of Segismundo of Calderon's "La Vida Es Sueño."

24

O jovem cumprimentou a	The young man greeted her
Deu-lhe um aperto de mão	Taking her hand in his
A condessa ajoelhou-se	The countess knelt down
Para lhe pedir perdão	To ask his pardon
Dizendo: --meu pai mandou-me	Saying: --My father commanded me
Eu fazer-te uma traição.	To commit this treason on you.
O rapaz disse: --menina	The boy said: --young lady
A mim não fizeste mal	You did no harm to me
Toda moça é inocente	All young girls are innocent
Tem seu papel virginal	In their virginal goodness
Cerimônia de donzela	Obedience in a maiden
É uma coisa natural.	Is a natural thing.
--Todo o meu sonho dourado	-- My entire golden dream
É fazer-te minha senhora	Is to make you my lady
Se queres casar comigo	If you want to marry me
Te arruma e vamos embora	Get your things and let's leave
Senão o dia amanhece	If not, it will be dawn
E se perde a nossa hora.	And we will lose this chance.
--Sei o senhor é um homem certo	-- If you sir are an honest man
E comigo quer casar	And want to marry me
Pois tome conta de mim	Well, take care of me
Aqui não quero ficar	I do not wish to remain here
Se su falar em casamento	If I even speak of marriage
Meu pai manda me matar.	My father will send someone to kill me.
--Que importa que ele mande	-- What does it matter if he sends
Tropas e navios pelos mares	Soldiers and ships through the seas
Minha viagem é aerea	My journey is in the air
Meu cavalo anda nos ares	My horse rides through the air
Nós vamos sair daqui	Let's get out of here
Casar em outros lugares.	And marry in another place.

25

Creuza estava empacotando	Creuza was packing her things
O vestido mais elegante	Her most elegant dress
O conde entrou no quarto	The Count entered her room
E dando um berro vibrante	And roared like a lion
Gritando: --filha maldita	Shouting: --Damned daughter
Vais morrer com seu amante.	You are going to die with your lover.
O cond rangindo os dentes	The count gnashing his teeth
Avançou com passo extenso	Came forward powerfully
Deu um ponta-pé na filha	He kicked his daughter
Dizendo: --eu sou quem vença	Saying: I am the one here who wins
Logo no nariz do conde	Then on the Count's nose
O rapaz passou o lenço.	The boy covered it with his hanky.[93]
Ouviu-se o baque do conde	You could hear the sound of the Count
Porque rolou desmaiado	Because he fell passing out
A última cena do lenço	The last moment with the hanky
Deixou-o magnetisado	Left me magnetisado[94]
Disse o moço: --tem dez minutosk	The boy said: --We have ten minutes
P'ra sair do sobrado.	To leave the palace.
Creuza disse: --eu estou pronta	Creuza said: --I am ready
Já podemos ir embora	We can leave now
E subiram pela corda	And they ascended by the rope
Até que Sairam for a	Until they reached outside
Se aproximava a alvorada	Dawn was arriving
Pela cortina da aurora.	Seen in a curtain of light.
Com pouco o conde acordou	Shortly the Count woke up
Viu a corda pendurada	And saw the hanging rope
Na coberta do sobrado	On the roof of the palace
Distinguiu uma zuada	He heard a racket
E as lâmpadas do aparelho	And the lights of the machine

[93] It struck me as being bit "dainty." Just joking.

[94] I like this; the poet probably meant "paralized."

Mostrando a luz variada.

Shining in the early light.

26

E a gaita do pavão
Tocando uma rouca voz
O monstro de olho de fogo
Projetando os seus faróis
O conde mandando pragas
Disse: a moça é contra nós.

And the peacock's whistle
Playing in a loud voice
The monster with the eye of fire
Projecting its lights
The Count swearing oaths
He said: The girl has turned against me.

Os soldados da patrulha
Estavam de prontidão
Um disse: --vem ver Fulano
Ai vai passando o pavão
O monstro fez uma curva,
Para tomar direção.

The soldiers of the patrol
Were all ready
One said: --Look, everyone
The peacock is flying over there
The monster went into a turn,
Taking off in another direction.

Então disse um soldado:
--Orgulho é uma ilusão
Um pai governa uma filha
Mas não manda no coração
Pois agora a condessinha
Vai fugindo no pavão.

Then a soldier said:
--Pride is an illusion
A father may govern his daughter
But can't rule her heart
Since now the little countess
Is fleeing on the peacock.

O conde olhou pela corda
E o buraco no telhado
Como tinha sido vencido
Pelo rapaz atilado
Adoenceu só de raiva
Morreu por não ser vingado.

The count looked at the rope
And the hole in the tiled roof
And how he had been defeated
By the ingenious boy
He fell ill from anger
And died without being avenged.

Logo que Evangelista
Foi chegando na Turquia
Com a condessa da Grécia
Fidalga de monarquia
Em casa do seu irmão
Casaram no mesmo dia.

Later as Evangelista
Was arriving in Turkey
With the Grecian countess
Of nobility of the monarchy
In his brother's house
They married that very day.

27

Em casa de João Batista	In João Batista's house
Deu-se grande ajuntamento	There was a great gathering
Dando vivas ao noivado	Shouting out "hurrahs" to the newlyweds
Parabens ao casamento	Congratulations for the wedding
E a noite teve retreat	And at night there was a reception
Com visita e cumprimento.	With guests and compliments.
Enquanto Evangelista	While Evangelista
Gozava imensa alegria	Was experiencing immense happiness
Chegava um telegrama	A telegram arrived[95]
De Grécia para Turquia	From Greece to Turkey
Chamando a condessa urgente	Calling urgently for the countess
Pelo motivo que havia.	With the message it sent.
Dizia o telegrama:	The telegram said:
(Creuza vem com teu marido	(Creuza please come with your husband
Receber tua herança	To receive your inheritance
O conde é falecido	The Count is deceased
Tua mãe deseja ver	Your mother wishes to see
O genro desconhecido).	The unknown son-in-law).
A condessa estava lendo	The countess was reading
Com o telegrama na mão	The telegram in her hand
Entregou a Evangelista	She handed it to Evangelista
Que mostrou a seu irmão	Who showed it to his brother
Dizendo: --vamos voltar	Saying: --We are going to return
Por uma justa razão.	For a just reason.
De manhã quando os noivos	In the morning when the newlyweds
Acabaram de almoçar	Had finished the big breakfast
E Creuza em traje de noiva	And Creuza in her wedding dress
Pronta para viajar	All ready to travel
De palma, veu e capela	In her hand, veil and headdress
Pois só vieram casar	As they had just gotten married.

[95] It is one again this surprising anacronism of cordel that charms all of us modern readers.

Diziamo os convidados:
--A condessa é tão mocinha
E vestida como noiva

The guests were saying:
The countess is so young
And dressed in a wedding gown

28
Torna-se mais bonitinha
Está com um boquê de flor
Seria uma rainha.

She is yet so much more beautiful
She has a bouquet of flowers
She will make a beautiful queen.

Os noivos tomaram assento
No pavão de alumínio
E o monstro levantou-se
Foi ficando pequeninho
Continuou seu vôo
No rumo de seu destino.

The newlyweds took a seat
In the aluminum peacock
And the monster rose up
Growing smaller in the distance
It continued its flight
On the way to its destiny.

Na cidade de Atenas
Estava a população
Esperando pela volta
Do aeroplano pavão
Ou o cavalo do espaço
Que imita um avião.

In the city of Athens
Then entire population
Wase waiting for the return
Of the airplane-peacock
Or the "horse in space"
Imitating an airplane.

Na tarde do mesmo dia
Que o pavão foi chegado
Na casa de Edmundo
Ficou o noivo hospedado
Seu amigo de confiança
Que foi bem recompensado.

In the afternoon of that same day
The peacock was arriving
At Edmund's house
The groom was lodged
His close friend
Was very well recompensed.

E também a mãe de Creuza
Ja esperava vexada
A filha mais tarde entrou
Muito bem acompanhada
De braço com seu noivo
Disse: mamãe estou casada.

And also Creuza's mother
Was anxiously awaiting
The daughter then entered
Accompanied very well
On the arm of her husband
She said: Mother, I am married.

Disse a velha: --minha filha	The mother said: --My daughter
Saisse do cativeiro	You were freed from captivity
Fizeste bem em fugir	You did the right thing in fleeing
E casar no estrangeiro	And marrying in another country
Tomem conta da herança	Take care of your inheritance
Meu genro é meu herdeiro.	My son-in-law is my inheritor.[96]

The end of the "Magic Peacock"
Translation by Mark J. Curran May, 2024

To the reader: my favorite of the five? All of them. I hope you enjoyed the stories and my translations. A labor of love. Mark Curran

---

[96]   Just like the "Capitão" in "Mariquinha e José de Souza Leão." The inheritance.

A SELECT BIBILOGRAPHY OF WORKS
ON THE "LITERATURA DE CORDEL"

I am adding this list from an earlier book. These are the "classic" studies from my era of research from 1966 to 2001. Each entry is a memory for me. Many of them are now in the Latin American Library of Tulane University along with my collection of nearly 3000 story-poems of "Cordel." Since most of these sources are printed in Portuguese, we leave the entry in that language; there are but a few titles in English and we present them as such.

Almeida, A. e Sobrinho, José Alves. Marcos 1. Romanceiro Popular Nordestino. Campina Grande: MEC, EDITEL, 1981.

Amâncio, Geraldo e Pereira, Vanderley. De Repente Cantoria. Fortaleza: LCR, 1995.

Andrade, Mário de. Ensaio sobre a Música Brasileira. São Paulo: Livraria Martins, 1962.

Angelo, Assis. Presença dos Cordelistas e Cantadores Repentistas em São Paulo. São Paulo: Instituição Brasileira de Difusão Cultural Ltda., 1996.

Autores de Cordel. Ed. Marlyse Meyer. São Paulo: Abril Editora, 1980.

Azevedo, Téo. Cantador Verso e Viola. 2a. ed. São Paulo: Letras e Letras, n.d.

Azevedo, Téo. Repente Folclore. Belo Horizonte: SESC, n.d.

Barroso, Gustavo. Ao Som da Viola. Rio de Janeiro: Departamento de Imprensa Nacional, 1949.

Barroso, Gustavo. Terra do Sol. Rio de Janeiro: Livraria José Olympio, 1956.

Batista, Sebastião Nunes. Antologia da Literatura de Cordel. Natal: Fundação José Augusto, 1977.

Batista, Sebastião Nunes. Bibliografia Prévia de Leandro Gomes de Barros. Rio de Janeiro: Biblioteca Nacional, 1971.

Batista, Sebastião Nunes. Poética Popular do Nordeste. Estudos, Nova Série. Rio de Janeiro: FCRB,1982.

Bradesco-Goudemand, Yvonne. O Ciclo dos Animais na Literatura Popular do Nordeste. Estudos, Nova Série. Rio de Janeiro: FCRB, 1982.

Brasil/Brazil. n. 14, ano 8. 1995. cf. Mark J. Curran, " 'Grande Sertão: Veredas' e a Literatura de Cordel."

Caderno de Letras, Número Especial de Literatura Popular. João Pessoa: UFPB. n.3. ano2. julho/1978.

Calasans, José. Canudos na Literatura de Cordel. Ensaios 110. São Paulo: Atica, 1984.

Câmara Cascudo, Luís da. Cinco Livros do Povo. Rio: José Olympio, 1953.

Câmara Cascudo, Luís da. Flor dos Romances Trágicos. Rio de Janeiro: Editora do Autor, 1966.

Câmara Cascudo, Luís da. Vaqueiros e Cantadores. 2a. ed. Rio de Janeiro: Edições de Ouro, 1968.

Camargo, Nara Pereira de. "Usos da Forma da Literatura de Cordel". IN: Uma Questão Editorial. ano.1. n. 1. São Paulo, 23 de junho de 1978.

Campos, Eduardo. Folclore do Nordeste. Rio de Janeiro: Edições O Cruzeiro, 1959.

Cantos Populares do Brasil. Vol. 1,2,3. Rio de Janeiro: Edta. José Olympio, 1954.

Carneiro Campos, Renato. Ideologia dos Poetas Populares. Recife: MEC-INEP-Centro de Pesquisas Educacionais do Recife, 1959.

Carvalho, Gilmar de. Publicidade em Cordel o Mote do Consumo. Rio de Janeiro: Fundação Waldemar Alcântara, n.d.

Carvalho, Rodrigues de. Cancioneiro do Norte. 3rd. ed. Rio de Janeiro: MEC-INL, 1967.

Cordel (O) e os Desmantelos do Mundo. Antologia, Nova Série. Rio de Janeiro: FCRB, 1983.

Cordel (O) no Grande Rio. Catálogo. Rio de Janeiro: INEPAC, Divisão de Folclore, 1985.

Cordel (O) Testemunha da História do Brasil. Antologia, Nova Série. Rio de Janeiro: FCRB,1987.

Coutinho Filho, F. Violas e Repentes. Recife: Saraiva, 1953.

Cuíca de Santo Amaro. Introdução. Mark J. Curran. São Paulo: Hedra, 2000.

Curran, Mark J. Brazil's "Literatura de Cordel" – Leandro Gomes de Barros – The Broadsides of José Guadalupe Posada – Parallels. USA. 2024.

Curran, Mark J. Cuíca de Santo Amaro Poeta - Repórter da Bahia. Fundação Casa de Jorge Amado, 1990.

Curran, Mark J. "Grande Sertão: Veredas na Literatura de Cordel". IN: Brasil/Brazil. Ano 8. N. 14, 1995.

Curran, Mark J. História do Brasil em Cordel. São Paulo: EDUSPE, 1998.

Curran, Mark J. Jorge Amado na Literatura de Cordel. Salvador da Bahia: Fundação Cultural do Estado da Bahia – Fundação Casa de Rui Barbosa, 1980.

Curran, Mark J. La Literatura de Cordel Brasileña: Antología Bilingüe. Madrid: Editorial Orígenes, 1991.

Curran, Mark J. (A) Literatura de Cordel. Recife: Universidade Federal de Pernambuco, 1973.

Curran, Mark J. (A) Presença de Rodolfo Coelho Cavalcante na Moderna Literatura de Cordel. Rio de Janeiro: Nova Fronteira-Fundação Casa de Rui Barbosa, 1987.

Curran, Mark J. Retrato do Brasil em Cordel. São Paulo: Editora Ateliê, 2011.

Curran, Mark J. The Master of the "Literatura de Cordel" – Leandro Gomes de Barros. A Bilingual Anthology of Selected Works. Trafford Publishing, Bloomington, 2022. Mark J.

Daus, Ronald. O Ciclo Epico dos Cangaceiros na Poesia Popular do Nordeste. Estudos, Nova Série. Rio de Janeiro: FCRB, 1982.

Diégues Júnior, Manuel. 2a. ed. Literatura de cordel. Rio de Janeiro:MEC-FUNARTE, 1975.

Ferreira, Jerusa Pires. Armadilhas da Memória (Conto e Poesia Popular). Salvador: Fundação Casa de Jorge Amado, 1991.

Ferreira, Jerusa Pires. Cavalaria em Cordel. São Paulo: Hucitec, 1979.

Ferreira, Jerusa Pires. Fausto no Horizonte. São Paulo: Hucitec, 1992.

João Martins de Atayde. Introdução. Mário Souto Maior. São Paulo: Hedra, 2000.

Laurentino, José. Poesia do Sertão. Olinda: Casa das Crianças de Olinda, 1996.

Lessa, Orígenes. Getúlio Vargas na Literatura de Cordel. Rio de Janeiro: Editora Documentário, 1973.

Lessa, Orígenes. Inácio da Catingueira e Luís Gama, Dois Poetas Negros contam o Racismo dos Mestiços. Estudos. Nova Série. Rio de Janeiro: FCRB, 1982.

Lessa, Orígenes. (A) Voz dos Poetas. Estudos, Nova Série. Rio de Janeiro: FCRB,1984.

Literatura de Cordel. Antologia. Fortaleza: Banco do Nordeste, 1982.

Literatura Popular em Verso. Vol. 1. Antología. Rio de Janeiro: MEC CRB, 1964.

Literatura Popular em Verso. Vol. 1. Catálogo. Rio de Janeiro: MEC CRB, 1961.

Literatura Popular em Verso. Vol. 1. Estudos. Rio de Janeiro: MEC FCRB, 1973.

Literatura Popular em Verso. Vol. 2. Antologia. Leandro Gomes de Barros -1. Rio de Janeiro: MEC-FCRB-Universidade Regional do Norte, 1976.

Literatura Popular em Verso. Vol. 3. Antologia. Leandro Gomes de Barros - 2. Rio de Janeiro: MEC-FCRB-UFEPB, 1977.

Literatura Popular em Verso. Vol. 4. Antologia. Francisco das Chagas Batista. Rio de Janeiro – MEC-FCRB, 1977.

Literatura Popular em Verso. vol. 5. Antologia. Leandro Gomes de Barros - 3. Rio de Janeiro: MEC-FCRB-UFPB, 1980.

Literatura Popular Portuguesa. Lisboa: Fundação Calouste Gulbenkian, 1992.

Londres, Maria José F. Cordel do Encantamento às Histórias de Luta. São Paulo: Livraria Duas Cidades, 1983.

Lopes, Antônio. Presença do Romanceiro. Rio de Janeiro: Edta. Civilização Brasileira, 1967.

Lunário Prognóstico Perpétuo. Jeronymo Cortez, Valenciano. Porto: Lello e Irmão, n.d. Cópia xerocada.

Luyten, Joseph. Bibliografia Especializada sobre Literatura Popular em Verso. São Paulo: Edta. Comunicações e Artes, 1981.

Luyten, Joseph Maria. (A) Literatura de Cordel em São Paulo Saudosismo e Agressividade. São Paulo: Edições Loyola, 1981.

Luyten, Joseph M. "Literatura de Cordel: Tradição e Atualidade" IN: Uma Questão Editorial. Ano. 2. N. 2. Sãó Paulo: 27 dezembro de 1979.

Luyten, Josph M. (A) Notícia na Literatura de Cordel. São Paulo: Escola de Comunicações e Artes, tese, 1984.

Luyten, Joseph M. O Que É Literatura Popular. São Paulo: Editora Brasiliense, 1983.

Luyten, Joseph M. Organizador. Um Século de Literatura de Cordel, Bibliografia Especializada. São Paulo: Nosso Studio Gráfico, Ltda., 2001.

Manoel Caboclo. Introdução. Gilmar de Carvalho. São Paulo: Hedra, 2000.

Maranhão de Souza, Liedo. Classificação Popular da Literatura de Cordel. Petrópolis: Edta. Vozes, 1976.

Maranhão de Souza, Liedo. (O) Folheto Popular, Sua Capa e Seus Ilustradores. Recife: Fundação Joquim Nabuco-Editora Massangana, 1981.

Maranhão de Souza, Liedo. (O) Mercado, Sua Praça e a Cultura Popular do Nordeste. Recife: Prefeitura Municipal do Recife-Secretaria de Educação e Cultura, 1977.

Matos, Edilene. Ele o Tal Cuíca de Santo Amaro. 2a, ed. Salvador: Sec. da Cultura e Turismo do Estado da Bahia, 1998.

Matos, Edilene. (O) Imaginário da Literatura de Cordel. Salvador: UFBA, 1986.

Matos, Edilene. Notícia Biográfica do Poeta Popular Cuíca de Santo Amaro. Centro de Estudos Baianoa. Salvador: UFBA, 1985.

Maurício, Ivan; Cirano, Marcos; Almeida, Ricardo de. Arte Popular e Dominação. Recife: Editora Alternativa, 1978.

Maxado, Franklin, O Cordel Televivo. Rio de Janeiro: Códecri, 1984.

Maxado, Franklin. Cordel, Xilogravuras e Ilustrações. Rio de Janeiro: Edta. Códecri, 1984.

Maxado, Franklin. O Que E' Literatura de Cordel? Rio de Janeiro: Códecri, 1980.

Mota, Leonardo. Cantadores. 3rd. ed. Fortaleza, Imprensa Universitária do Ceará, n.d. Mota, Leonardo.

Mota, Leonardo. No Tempo de Lampião. Fortaleza: Imprensa Universitária do Ceará, 1967.

Mota, Leonardo. Sertão Alegre. Fortaleza: Imprenta Universitária do Ceará, 1965.

Mota, Leonardo. Violeiros do Norte. Fortaleza, UFCeará, n.d.

Patativa do Assaré. Introdução. Sylvie Debs. São Paulo: Hedra, 2000.

Peregrino, Umberto. Literatura de Cordel em Discussão. Rio de Janeiro: Presença, 1984.

Pereira da Costa, Francisco Augusto. Folklore Pernambucano. Rio de Janeiro: Livraria J. Leite, 1908.

Proença, Ivan Cavalcanti. A Ideologia do Cordel. 2a. ed. Rio de Janeiro: Editora Brasília, Rio, 1977.

Revista de Ciências Sociais. Número especial: cordel. Fortaleza: UFC. N. 1-2. V.VIII. 1977.

Revista do Departamento de Extensão de Cultura. Recife: DECA, ano IV, n. 6. 1962.

Revista do Departamento de Extensão de Cultura. Recife: DECA, ano VI, n.7, 1964.

Ribeiro, Lêda Tâmego. Mito e Poesia Popular. Prêmio Sílvio Romero. Rio de Janeiro:FUNARTE/Institutio Nacional do Livro, 1985.

Rodolfo Coelho Cavalcante. Introdução. Eno Wanke. São Paulo: Hedra, 2000. Romero, Sílvio.

Romero, Sílvio. Estudos sobre a Poesia Popular do Brasil. 2a. ed. Petrópolis: Edta. Vozes, 1977.

Salles, Vicente. Repente e Cordel. Prêmio Sílvio Romero. Rio de Janeiro: FUNARTE, 1981.

Santos, Manoel Camilo dos. Autobigrafia do Poeta Manoel Camilo dos Santos. João Pessoa: Editora Universitária da UFEPB, 1979.

Saraiva, Arnaldo. Literatura Marginalizada. Porto: 1975.

Slater, Candace. Stories on a String, the Brazilian 'Literatura de Cordel'. Berkeley: U. of California, 1982.

Slater, Candace. (A) Vida no Barbante. Rio de Janeiro: Civilização Brasileira, 1984.

Sobrinho, José Alves. Glosário da Poesia Popular. Campina Grande: EDITEL, 1982.

Souza, Arlindo Pinto de. Editando o Editor. São Paulo: EDUSP, 1995

Tavares Júnior, Luíz. O Mito na Literatura de Cordel. Rio de Janeiro: Tempo Brasileiro, 1980.

Terra, Ruth Lêmos Brito. A Literatura de Folhetos nos Fundos Villa Lobos. São Paulo: Instituto de Estudos Brasileirosda Universidade de São Paulo, 1981.

Wanke, Eno Teodoro. Vida e Luta do Trovador Rodolfo Coelho Cavalcante. Rio de Janeiro: Folha Carioca Editora Ltda., 1983.

Xilogravura (A) Popular e a Literatura de Cordel. Brochure. Rio de Janeiro: FCRB, 1985.

Zé Vicente. Introdução. Vicente Salles. São Paulo: Hedra, 2000.

ABOUT THE AUTHOR

Mark Curran is a retired professor from Arizona State University where he worked from 1968 to 2011. He taught Spanish and Portuguese and their respective cultures. His research specialty was Brazil and its "popular literature in verse" or the "Literatura de Cordel," and he has published many articles in research reviews and now some fourteen books related to the "Cordel" in Brazil, the United States and Spain. Other books done during retirement are of either an autobiographic nature – "The Farm" or "Coming of Age with the Jesuits" - or reflect classes taught at ASU on Luso-Brazilian Civilization, Latin American Civilization or Spanish Civilization. The latter are in the series "Stories I Told My Students:" books on Brazil, Colombia, Guatemala, Mexico, Portugal and Spain. "Letters from Brazil I, II, III, IV and V" is an experiment combining reporting and fiction. "A Professor Takes to the Sea I and II" is a chronicle of a retirement adventure with Lindblad Expeditions - National Geographic Explorer. "Rural Odyssey – Living Can Be Dangerous" is "The Farm" largely made fiction. "A Rural Odyssey II – Abilene – Digging Deeper" and "Rural Odyssey III Dreams Fulfilled and Back to Abilene" are a continuation of "Rural Odyssey." "Around Brazil on the 'International Traveler' – A Fictional Panegyric" tells of an expedition in better and happier times in Brazil, but now in fiction. The author presents a continued expedition in fiction "Pre – Columbian Mexico – Plans, Pitfalls and Perils." Yet another is "Portugal and Spain on the 'International Adventurer.'" "The Collection" is a bibliography of primary and secondary works on the "Literatura de Cordel" in Curran's collection. "The Master of the "Literatura de Cordel" - Leandro Gomes de Barros. A Bilingual Anthology of Selected Works" is a return to the topic of the Dissertation in 1968. "Adventure Travel" in Guatemala – The Maya Heritage" is a return to the A.T. series, the 4th preceded by books on Brazil, Mexico, Portugal and Spain. "Two By Mark J. Curran" combines two shorter narratives on the author's life, "ASU Days" and "The Guitars – A

Music Odyssey." "Rural Odyssey IV – Parallels. Abilene, Cowboys and "Cordel" is cultural, historic fiction in the Rural Odyssey Series. "The Writing and Publishing Journey" is a capstone volume and catalogue of all of Curran's books to the present with color images of all the covers and short summaries of the genesis of the books. "Adventure Travel" in Colombia – Moments of Mayhem" continues the Adventure Travel Series as does "Adventure Travel" – A New Partnership - The Royal Princess. "Rural Odyssey V" Trouble in a Kansas Riverside Town With "The Ballad of the Smoky Hill River Rambler" is the newest in the series. And in 2024 there is "Brazil's 'Literatura de Cordel' - The Broadside Engravings of Mexico's José Guadalupe Posada."

"Letters from Brazil V. 'Let the Good Times Roll'", USA 2024.
And finally, "Rural Odyssey V. Abilene. Trail Mix" in process as well.
And now, "Cinco Romances do Cordel."

PUBLISHED BOOKS

A Literatura de Cordel. Brasil. 1973
Jorge Amado e a Literatura de Cordel. Brasil. 1981
A Presença de Rodolfo Coelho Cavalcante na Moderna Literatura de Cordel. Brasil. 1987
La Literatura de Cordel – Antología Bilingüe – Español y Portugués. España. 1990
Cuíca de Santo Amaro Poeta-Repórter da Bahia. Brasil. 1991
História do Brasil em Cordel. Brasil. 1998
Cuíca de Santo Amaro – Controvérsia no Cordel. Brasil. 2000
Brazil's Folk-Popular Poetry – "a Literatura de Cordel" – a Bilingual Anthology in English
        and Portuguese. USA. 2010
The Farm – Growing Up in Abilene, Kansas, in the 1940s and the 1950s. USA. 2010
Retrato do Brasil em Cordel. Brasil. 2011
Coming of Age with the Jesuits. USA. 2012
Peripécias de um Pesquisador "Gringo" no Brasil nos Anos 1960 ou 'A Cata de Cordel"
        USA. 2012
Adventures of a 'Gringo' Researcher in Brazil in the 1960s or In Search of Cordel. USA.
        2012
A Trip to Colombia – Highlights of Its Spanish Colonial Heritage. USA.
Travel, Research and Teaching in Guatemala and Mexico – In Quest of the Pre-Columbian
        Heritage Volume I – Guatemala. 2013
Volume II – Mexico. USA. 2013
A Portrait of Brazil in the Twentieth Century – The Universe of the "Literatura de
        Cordel." USA.2013
Fifty Years of Research on Brazil – A Photographic Journey. USA. 2013

Relembrando - A Velha Literatura de Cordel e a Voz dos Poetas. USA. 2014 Aconteceu no Brasil – Crônicas de um Pesquisador Norte Americano no Brasil II, USA. 2015

It Happened in Brazil – Chronicles of a North American Researcher in Brazil II. USA, 2015

Diário de um Pesquisador Norte-Americano no Brasil III. USA, 2016

Diary of a North American Researcher in Brazil III. USA, 2016

Letters from Brazil. A Cultural-Historical Narrative Made Fiction. USA 2017.

A Professor Takes to the Sea – Learning the Ropes on the National Geographic Explorer. Volume I, "Epic South America" 2013 USA, 2018.

Volume II, 2014 and "Atlantic Odyssey 108" 2016, USA, 2018

Letters from Brazil II – Research, Romance and Dark Days Ahead. USA, 2019.

A Rural Odyssey – Living Can Be Dangerous. USA, 2019.

Letters from Brazil III – From Glad Times to Sad Times. USA, 2019.

A Rural Odyssey II – Abilene – Digging Deeper. USA, 2020

Around Brazil on the "International Traveler" – A Fictional Panegyric, USA, 2020

Pre – Columbian Mexico – Plans Pitfalls and Perils, USA 2020

Portugal and Spain on the 'International Adventurer,' USA, 2021

Rural Odyssey III – Dreams Fulfilled and Back to Abilene, USA, 2021

The Collection. USA, 2021 Letters from Brazil IV. USA, 2021.

The Master of the "Literatura de Cordel" – Leandro Gomes de Barros a Bilingual Anthology of Selected Works. USA, 2022

Adventure Travel in Guatemala – The Maya Heritage, USA, 2022

Two By Mark J. Curran, USA, 2022

Rural Odyssey IV – Parallels. Abilene, Cowboys and "Cordel," USA, 2023

The Writing and Publishing Journey. USA, 2023.

"Adventure Travel" in Colombia – Moments of Mayhem. Or, Colombia Revisited. USA, 2023.

"Rural Odyssey V" Trouble in a Kansas Riverside Town with "The Ballad of the Smoky Hill River Rambler." 2023. Trafford. USA

"Adventure Travel" – A New Partnership - The Royal Princess. 2023 USA.

Letters from Brazil V. "Let the Good Times Roll" USA, 2024

Rural Odyssey VI. Abilene. Trail Mix. USA. Forthcoming.

Five "Romances" From Cordel. USA. Forthcoming.

Professor Curran lives in Mesa, Arizona, and spends part of the year in Colorado. He is married to Keah Runshang Curran, and they have one daughter Kathleen who lives in Albuquerque, New Mexico, married to teacher Courtney Hinman in 2018. Her documentary film "Greening the Revolution" was presented most recently in the Sonoma Film Festival in California, this after other festivals in Milan, Italy and New York City. Katie was named best female director in the Oaxaca Film Festival in Mexico. The author's e-mail address is: profmark@asu.edu His website address is: www.currancordelconnection.com

Printed in the United States
by Baker & Taylor Publisher Services